威廉·弗卢塞尔作品

Pós-História
Vinte Instantâneos e um Modo de Usar

后历史
二十篇短文与一种使用方法

[巴西] 威廉·弗卢塞尔 / 著

李一君 / 译

復旦大學出版社

英文版序言

我并非拥有自由意志，我并不自由。我是那些异化着我们的程序的功能执行者，是个工具。我并不讶异于自由的消逝。我是可预测的。作为始料未及与不可预测之事的一连串的变化，历史已被我们战胜。我在一种后历史的、弥赛亚式的环境中运作，我身处天堂。

那些意外之事的匮乏、那种未被程序化的未来的匮乏，让人难以容忍。天堂也令人难耐，令我感到乏味和厌烦。我须反抗，而我能反抗吗？我想是可以的，因为那些由程序带给我的乏味感和厌烦感，正是我尚未被完全程序化的体验层面的证明。

——《程序》(On Program)，《日报》(*O Diário*)，圣保罗，1966

威廉·弗卢塞尔的《后历史：二十篇短文与一种使用方法》(以下简称《后历史》)聚焦当代价值观批判，分析这些价值从哪里产生，以及如何在所谓西方世界的不同文化中代代相传。为此，弗卢塞尔重点探讨了"模型"这个概念。这不仅是因为模型代表应用性的价值观，还因为它主要具有视觉的特征——这是他希望我们注意的重要方面，即在当前,价值观内含于我们文化的所有视觉方面,因此也嵌入我们想象世界的方式之中。当前,这种价值观具有美学性质,不应被低估。政治在当前是视觉化的(美学的),所以弗卢塞尔提出的主要问题是：模型如何改变、何时改变及为何改变。答案既不简单也不直接,但在这本书的开篇文章《我们的立足之地》中,他首先指出,我们正处于价值虚空的境地,从某种意义上说,我们的进步已毫无目标。我们不再知道自己正朝何方前进,因此对进步失去了信心。

弗卢塞尔将自身所处时期的风格与反宗教改革时期试图复兴天主教模型的巴洛克风格进行比较,进而指出我们时代的风格和巴洛克风格一样是反改革的。这表明我们也在力争复兴旧模式,因为我们不再清楚地知晓当今的模型和价值观来自哪里。《我们的立足之地》这篇文章的重要性明确地表现为,它被收录于四种不同语言写就的十二个不同版本的书籍中。弗卢塞尔不断通过翻译来重写他的文章,并将其作为一种方法。他通过不同语言的书写,迫使自己于不同的本体论立场改进文本。也许没有其他哲学家能像他这样,如此系统有序地践行这种方法。汉娜·阿伦特(Hannah Arendt)确实曾用德语和英语翻译过自己的一些作品,但尚未如弗卢塞尔这般,为获得对自己作品的不同视角而应用这一技巧。

弗卢塞尔作品的研究者或翻译者会即刻看到一个博尔赫斯式的迷宫,里面有已出版和未出版的不同版本,这使追求作品"真实"或"终极"版本变得不可能。弗卢塞尔用不同语言重写了他的许多重要作品。然而,他并没有重写全部。例如,他在20世纪60年代写的几份早期手稿只有一个版本,主要是葡萄牙语版本。重写作品的实践主要在70年代,也就是弗卢塞尔回到欧洲生活的时期。那时,他积极翻译,以此作为处理文章的工具。尽管在写《后历史》之前,他也用德语和葡语写了几份手稿,但《后历史》仍是他第一份在不同语言之间如此系统地创作出的手稿。本译本参考了所有不同的版本,但这些版本的著作仅作为指南,而不是为了生成一个综合性的"终极"版本,因为那是不可能且无意义的。

书中包含的文章最初是在 20 世纪 70 年代末于巴西、法国和以色列的大学发表的演讲稿。本书的文稿有四种语言写就的几个不同版本:法语(部分版本)、葡萄牙语(两个版本)、德语(两个版本)和英语(部分版本)。这里提供的英文翻译是根据 1983 年 Duas Cidades 出版社在圣保罗出版的第一本葡萄牙语版本完成的。该版本由弗卢塞尔的密友、记者弥尔顿·瓦格斯(Milton Vargas)编辑。最终版本写于 1980—1981 年,但第一个德语版本直到 1990 年(大约在作者去世前一年)才问世,标题为 Nachgeschichten,由杜塞尔多夫的 Stefan Bollmann Verlag 出版,并附有其他关于该主题的文章。

在《后历史》的每一篇文章中,弗卢塞尔都探讨了一种新模型的出现,即装置的出现,并探讨了书中所及概念与其他思想家的作品之间的关系。在 1980 年 10 月 22 日写给弥尔顿·瓦格斯的一封信中,弗卢塞尔列出了每篇文章的标题,并在旁边列出了他在每篇文章中支持或反对的人的名单:《我们的立足之地》(汉娜·阿伦特)、《我们的天空》[马丁·布伯(Martin Buber)]、《我们的程序》[鲁道夫·卡尔纳普(Rudolf Carnap)]、《我们的工作》[卡尔·马克思(Karl Marx)]、《我们的知识》[卡尔·波普尔(Karl Popper)]、《我们的健康》[路德维希·维特根斯坦(Ludwig Wittgenstein)]、《我们的传播》[A. 穆勒(A. Mole)]、《我们的节奏》[赫伯特·马尔库塞(Herbert Marcuse)]、《我们的居所》[奥特加·伊·加塞特(José Ortega y Gasset)]、《我们的收缩》[尤尔根·哈贝马斯(Jürgen Habermas)]、《我们的着装》[西奥多·阿多诺(Theodor

Wiesengrund Adorno)]、《我们的图像》[马歇尔·麦克卢汉（Marshall McLuhan)]、《我们的游戏》[阿摩斯·拉普卜特（Amos Rapoport）]、《我们的涣散》[埃德蒙德·胡塞尔（Edmund Hussell）]、《我们的等待》[恩斯特·布洛赫（Ernst Bloch)]、《我们的恐惧》[哈德逊研究所（The Hudson Institute）]、《我们的迷醉》[马丁·海德格尔（Martin Heidegger）]、《我们的学校》[约翰·杜威（John Dewey)]、《我们的关系》[让-保罗·萨特（Jean-Paul Sartre)]和《返回》[弗兰兹·卡夫卡（Franz Kafka)]。尽管弗卢塞尔在自己之前的许多书中都谈及"装置"这个概念（这是一个他自 20 世纪 60 年代初以来就一直思索的概念），但正是在本书中，他第一次全面地批判了由技术装置导致的人们的世界观的转变。

弗卢塞尔认为，我们的时代可能是以"程序"这个术语为特征的。正如 16 世纪大致以"美德"为特征，17 世纪以"自然"为特征，18 世纪以"理性"为特征，19 世纪以"进步"为特征。在探讨世界观念的这种转变时，他提出了一系列问题：如果我在一个可被预测的程序化现实中运作，我能作出反抗吗？如果要反抗，我又该怎么做？答案给出得很快：只有在出现故障的程序和装置中，我才能自由；只有存在一个不称职的功能执行者时，我们才能指望自由。自由的本质是不可预测性。但是，一旦被装置及其程序收纳并物化，留给我们的就是在可预见的"同一物的永恒轮回"的令人厌烦的技术天堂中，过着乏味而满足的生活。

这个技术天堂是后工业社会，即一个技术官僚社会。在这个社会中，装置生产并维持着完全自动化的现实，我们不再需要工作（此处的"工作"意味着把价值或信息誊写在物上），我们不再生产。关于自动化的问题，重要的地方在于，不是机器将从人的手中解放出来，而是机器所做的工作反过来把人从工作中解放出来，以便让人专注于信息生产，换句话说，专注于价值生产。这是驱动人们产生迷狂于技术的渴望的背后力量。由于不再具有生产力，不再需要与物打交道，他人就成了我们眼中被锤击和操纵的物。后工业社会是一个"吸血鬼章鱼"式（Vampyroteuthian）的社会，一个充满诡计和谎言、充斥着各式表象的社会。在这种情况下，文化成为自动化功能的结果，完全的自动化则取决于某种固定的普遍性价值观的应用。如果技术装置根据布尔代数、二进制值来运作，布尔代数、二进制值就是装置强加给世界的价值。由此，通过让自身进入一个技术迷狂的世界、一个拥有完全自动化的装置体系的社会现实、一个后工业的控制论社会，我们不仅会向那个绝对化的、二元道德价值观的世界倒退，而且还会进入另一个世界。在那里，装置能从人类的干预中接管决策的过程。这实际上已经发生了，世界各大证券交易所的高频交易实践就是一个很好的例子。在弗卢塞尔看来，这种技术迷狂、技术官僚的天堂实际上是人间地狱。然而，这种反乌托邦观点实际上并非没有避免这种地狱的希望，尽管这种希望非常微弱。《后历史》的反乌托邦世界观甚至可以与阿道斯·赫胥黎（Aldous Leonard Huxley）的《美丽新世界》（*Brave New World*）相比，两者包含的概念没有太大差异。事实上，弗卢塞尔是赫胥黎作品的读者。但是，赫胥黎始终坚信自己的认识实际上是正确的并终会实现，弗卢塞尔却在潜意识中希望自己的预测有误，哪怕所有的迹象表明事实并非如此。

在完成《后历史》的手稿后不久，弗卢塞尔开始创作他最古怪的书——《吸血鬼章鱼》（*Vampyroteuthis infernalis*）。该书还有德语和葡萄牙语两个截然不同的版本，重点探索人类的新模式，即人类理性与吸血鬼式的爱的综合。对于弗卢塞尔来说，20 世纪 70 年代末和 80 年代初是一个高产的阶段，他最著名的作品都出自这个时期。柏林艺术大学的威廉·弗卢塞尔档案馆由西格弗里德·齐林斯基（Siegfried Zielinski）领导，那里保存着弗卢塞尔的所有手稿。可以估计，在他的所有作品中，出版的只占三成，并且以葡萄牙语和德语为主。截至 2011 年，少数可用的英文译本都是从相应作品的德文版本翻译而来的。这意味着，翻译领域正形成一种不平衡的现象，即只支持弗卢塞尔作品的一个特定方面（他的德文作品）。现在，随着本系列作品的问世，这种不平衡将得到解决。最终，英语世界的读者将能接触这位多产作家两个语言版本的作品内容。

　　另一个要点在于弗卢塞尔独特的写作风格。他发展和应用散文家的写作风格，这种做法是在 20 世纪 60 年代建立的。当时，他在巴西写作并在当地报纸上发表文章。其间，他还在巴西哲学学院（IBF）、技术与航空学院（ITA）和圣保罗大学理工学院讲授独立课程。他的所有课程文档都以短文的形式写就，他会大声朗读给学生，然后进行讨论。随后，他把所有课程文档汇编成一个系列，准备以书籍的形式出版。这就像奥特加·伊·加塞特在讲座或期刊上发表论文后，再以书籍形式出版一样。然而，在这一时期，弗卢塞尔只有一门课程的文档发表在技术与航空学院的年度杂志上。其他课程当时只有存档，里面的一些内容将作为本系列的一部分出版。与他的写作风格有关的要点是，除了以加塞特的风格作为模型外，弗卢塞尔直接为特定受众（学生和报纸读者）写作，这也推动了其风格的确立。

　　一方面，这种既成的风格是直率的、流动的，并且根本上是非学术性的。弗卢塞尔的文章在本质上是查拉图斯特拉式的。从某种意义上说，它们开放给所有人，而非喃喃自语。另一方面，这种风格的形成也得益于作者所热爱的诗歌。我们从文章视觉层面的风格上能明显地感觉到这一点,即这些作品有自己的"韵律"。正因如此,阅读弗卢塞尔的文字时,我们要牢记这一点。有些看似怪异的标点或措辞,实际上是他深思熟虑的风格的体现,其具体目的是在读者心中产生形塑性的影响。这或许是翻译弗卢塞尔文章时最重要的地方,也是我极其注意的地方。在阅读弗卢塞尔以不同语言写就的版本时,读者首先会注意到,其视觉风格是一致的。这清楚地表明,那些特殊的标点与措辞不是偶然,也不是因缺乏语言知识导致的问题,所以我不会专门为适应当代英语读者而修改作品或把作品标准化。同时,弗卢塞尔的风格在葡文版中也同样独树一帜,所以英文翻译应当保持相同的风格(如果不能完全相同,也应该尽可能地与之接近)。

我对弗卢塞尔写作风格的解释在于,对他而言,书页上的文章如乐谱般运作,每个音节都是一个音符,每个标点都体现文章的节奏。只要高声诵读文章,读者就能体会到这一点。实际上,弗卢塞尔希望文章被读出来,然后再进行讨论。人们可以在私人环境中阅读和学习这些文章,但它们主要是为了在他人的陪伴下阅读。当我们为他人读出这些文章时,它们的音乐质地能被充分地欣赏。译者的挑战在于用英语再现相同的节奏。摆在译者面前的挑战很艰难,但从中也有所收获。不过,我们能确定的是,弗卢塞尔的风格从未让任何人无动于衷,读者的热情总是从一个方向转换到另一个方向。之所以如此,是因为作者谨慎地考虑和应用模型。还有同样重要的一点是,作者对术语的应用。应当注意的是,弗卢塞尔文章中的术语总是在严格意义上被应用。从当前来看,这似乎是一个老式的惯用风格。术语的应用根据单词过去和现在的意义,特别是与它们的词源,以及它们为探索使用双重文本含义和亚文本含义的概念提供的可能性有关。它们也可能会因不断演变的语义和调节方式而被遗忘。考虑到这一点，我们最好停止解释的尝试，让读者能以自己的方式发现弗卢塞尔。

罗德里戈·马尔特兹·诺瓦埃斯(Rodrigo Maltez Novaes)

柏林,2012 年 11 月

目　录

1. 使用方法 　　　　　　　　　　　　 … 001

2. 我们的立足之地 　　　　　　　　　 … 003

3. 我们的天空 　　　　　　　　　　　 … 009

4. 我们的程序 　　　　　　　　　　　 … 015

5. 我们的工作 　　　　　　　　　　　 … 021

6. 我们的知识 　　　　　　　　　　　 … 027

7. 我们的健康 　　　　　　　　　　　 … 033

8. 我们的传播 　　　　　　　　　　　 … 039

9. 我们的节奏 　　　　　　　　　　　 … 045

10. 我们的住所 　　　　　　　　　　 … 051

11. 我们的收缩 　　　　　　　　　　 … 057

12. 我们的着装 　　　　　　　　　　 … 063

13. 我们的图像 　　　　　　　　　　 … 069

14. 我们的游戏 ⋯ 075

15. 我们的涣散 ⋯ 081

16. 我们的等待 ⋯ 087

17. 我们的恐惧 ⋯ 093

18. 我们的迷醉 ⋯ 099

19. 我们的学校 ⋯ 105

20. 我们的关系 ⋯ 111

21. 返回 ⋯ 117

与本书有关的评论文章 ⋯ 123

即将到来的时刻:威廉·弗卢塞尔的历史性与末世论 ⋯ 123

"我们的"模型? ⋯ 130

后历史 ⋯ 137

弗卢塞尔影响下的后历史 ⋯ 144

部分术语、人名与作品的翻译对照 ⋯ 158

译后记 ⋯ 159

1. 使用方法

下面这些文章都是讲稿,是我在大学里演讲的内容,每篇都包含大约"五十点学术纪要"。这意味着它们的内容非常密集,需要在随后的研讨会上进行讨论。演讲文本和阅读文本之间是有区别的,因为思想可能会打断或插入阅读的过程,所以,我希望人们在休闲时阅读或讨论下面这些文章。

这些讲座的举办地分别是马赛、耶路撒冷和圣保罗。但是,我希望这些事实不在本书中表现出来,因为本书不仅试图"战胜"历史,而且还试图"战胜"地理。本书中的文章之所以被期望能历经久远,是因为它们想要触及隐藏在历史和地理背后的具体存在。也就是说,尽管它们是在"学院"里发表的,但它们刻意逃避学院主义。为了能"正确地"阅读本书,请您务必记住这一点。

本书收录的文章最初是用法文和英文写的,我当时并没有打算发表它们。后来,它们被翻译成德文出版。目前的葡萄牙文版本将在巴西出版,我生活在这个环境中并希望它能为巴西的对话作出贡献。读者阅读时必须记住这一点。

这些文章的顺序是随机的,因此读者能以任何顺序阅读它们。然而，文集中也有一条讲述的线索，即这是一次从绝望走向希望的讲述，尽管这种希望是稀薄的。虽然跳跃地阅读这本文集（就像骑士在棋盘上的移动一样）同样有效，但读者们必须按照正确的顺序阅读它们，因为这种方法能显露我所呼吁的井然有序的技巧（关于现象学）。

这一部分的标题无疑有些怪诞。我之所以这样写，是因为本书要做的最后一件事是为读者提供指导或建议。它追求的是不被消费。这就是为什么这个"使用方法"须阅后即焚，其目的是让读者按照自己的意愿使用这些文章，但最好把这些文章转化为读者参与的对话的一部分。的确，这些文章是讲述式的——不幸的是，每一篇文章都是如此，但它并不想真的变成这样。这是读者在阅读过程中会发现的几个矛盾之一。但这种矛盾是不可避免的。希望这本文集成为人类处境的一面镜子。

2. 我们的立足之地

　　我们迈向未来的脚步听起来是虚空的，即使没有敏锐的耳朵，我们也能发觉这一点。但要凝神倾听，我们才能发现是哪一种虚空能够与我们前进的步伐产生共鸣。世界上存在几种类型的虚空，要想理解它们，就需要与其他类型作比较。不可比较的东西是不可理解的。如果我们认为自己的处境不可以拿来作比较，我们就只能放弃去理解它。

　　我们可以把巴洛克式的虚空拿来作比较。当前，不计其数的现象正呼应着巴洛克式风格。我们拥有巴洛克式的忧郁的理性主义（逻辑学、信息学、控制论），以及同样魔幻而狂热的非理性主义（大众媒体、幽灵般的意识形态）。但是，当前世界和巴洛克时期的世界有显著区别。在巴洛克时期，人类在舞台上走向未来，他们的所有姿势都具有戏剧性，哪怕最真诚的姿势也是一样。在人们脚下萦绕的虚空，就是舞台之下的虚空。巴洛克式人物代表了那个时代的人。他们通过发动宗教战争以体现信仰。巴洛克时期的人们之所以虚空，是因为他们不再相信中世纪教理。而我们感受到的虚空则是不同的，因为我们不象征任何人，我们的世界不是舞台，我们也不是演员。如果说我们有时也会表演，那么我们其实不是要表演戏剧，而是为了把观众和自己的注意力从真正重要的主题上移开。这时,我们像罪犯那样试图隐藏踪迹,装模作样。我们所谓的"前进"其实只是一场闹剧而已。我们脚下的虚空并不是巴洛克风格的。我们并没有失去对教理的信仰,而是失去了对自己的信仰。与巴洛克时代的人一样,我们都是反改革者(我们想用温暖的衣服把近期发生的变革遮掩起来),只是原因不同。

虽然我们把巴洛克时期拿来作比较,但实际上,从某些方面看,我们当前的处境与其他任何时期都无法相比。这是因为在我们的时代发生了前所未有、闻所未闻、见所未见之事,这些事把我们脚下的土地腾空。它们就是奥斯威辛及之后的广岛与古拉格事件(它们不过是奥斯威辛事件的变体)。因此,每一次理解当前境况的尝试都会引出以下问题:奥斯威辛何以可能? 在奥斯威辛之后,我们如何活下去? 这些问题不仅涉及事件直接或间接的责任者、直接或间接的波及者,也涉及我们文化中的每个人。因为在奥斯威辛事件中,真正前所未有、闻所未闻、见所未见,也因此无法被理解的是:正是在这个事件中,西方文化展示出其内在的一种虚无性。可以说,奥斯威辛是我们文化的某种特质的体现。

这类事件既不是一种特定的西方意识形态的产物,也不是特定的某种"先进"工业技术的产物。它直接源于文化深处,以及文化的概念与价值观。奥斯威辛事件发生的可能性内含于我们的文化。也就是说,在西方的"程序"中已含有这件事。尽管在一开始,它还遥不可及。奥斯威辛事件静置于西方的原初程序中。随着历史的铺开,它逐渐把虚拟化为了现实。这就是为什么在奥斯威辛事件后,摆在我们面前的问题并不是那儿发生了什么,因为"解释"奥斯威辛集中营是没有意义的。最根本的问题是:奥斯威辛何以可能? 因为当前,我们质疑的不是灭绝营,而是西方。这也引出了另一个问题:在卸掉西方文化的面具之后，我们该如何在这种文化中生活？

　　奥斯威辛之后发生的一切都与这个问题相呼应，而且它们都是如此虚空。每一个经济、社会、政治、技术、科学、艺术和哲学事件都被这个尚未回答的问题侵扰着。我们与奥斯威辛之间的距离并没有填平脚下的深渊，反而将深渊侵蚀得更深。距离逐渐消除了笼罩着奥斯威辛事件的恐怖氛围，并且逐渐敞开了场景式的视野。它逐渐揭示了在奥斯威辛，我们所有的类别、所有的"模型"都遭受了一场不可挽回的劫难。奥斯威辛是一个革命性的事件，它颠覆了我们的文化。当我们想方设法地通过月球旅行或基因操控等事件去掩盖这种颠覆时，我们是反改革者，因为我们颠覆历史是为了掩盖过去。

　　在奥斯威辛事件里，尚未被阐明的行为不是大屠杀，不是犯罪，而是一种终极的物化过程，即把人变成无定形之物、化为灰烬的过程。西方的物化趋向于在这个过程中得以最终实现，而且这种实现是以装置为形式的。党卫军是一种灭绝装置的功能执行者，而其受害者则在自身灭绝的功能中运作着。灭绝营的程序一旦开启，就会自动发展，并且从最初程序编排者的决策中独立出来。即使这种自动运作导致了程序编排者的溃败，但它事实上就是这样运作的。党卫军与犹太人像两个齿轮那样，在彼此的功能中运作。这种功能运作的模型是由顶层的西方价值观提供的，即党卫军表现得像"英雄"，犹太人表现得像"烈士"。这种装置在极限情形中发挥作用，它不带任何个人的感情，甚至越过了死亡的界限。

　　上面这些话令人无法接受。人们不能接受这些观点，故而通过争论来反对它。这是一种很好的争论。党卫军表现得像施罪人，他们从尸体上拔下金牙；犹太人则表现得像受害者，他们在华沙的犹太人区奋起。这的确是正确的争论，但没有切中核心，即没有把握这个现象的本质。因此，可以说人们并没有理解它。虽然奥斯威辛事件中有种种"寻常"行为（如盗窃、谋杀、反抗、英雄主义），但也有"不寻常"的行为，即在极限情形中发挥作用。后者才是最重要的，它们显露了人类历史上空前的举措，即一种由最先进的技术编排而成的装置投入运作。这种装置运作实现了人的物化，以及人类之间的功能性的协调。

在此之前，西方社会对其他社会及其自身做出的恐怖行为都是犯罪。这些被西方侵犯的社会与人都违反了西方的行为模式，如反基督教、反人类、非理性。因此，尽管西方人所犯之罪罄竹难书（如奴役非洲人），他们仍有理由责难他者，并且继续保持西方的模式。然而，西方社会没有理由为奥斯威辛开罪，并继续故意坚持西方模式，因为奥斯威辛并没有违反西方的行为模式。相反，它是应用这种模式的结果。西方文化把它神秘的面具遗落在奥斯威辛，进而暴露了真实的面孔——一张物化人类的怪物之脸。西方文化促使我们全然拒绝去承认每种文化的目标都是使互认为主体的人能够愉快地生活。

但是，我们不可能抗拒自己的文化，因为它就是"我们的立足之地"。那些试图抗拒自身文化的人（如尼采在拒绝犹太-基督教时所做的那样）会成为精神失常者。那些抗拒自己文化模型的人无法理解他们所生活的世界，因为文化模型是捕捉世界的陷阱。那些试图用自己的模型代替别人模型的人（如大喊"哈瑞奎师那"的那些人）会发现，那些奇异的模型已经被其将要替代的模型捕捉。因此，即使我们的文化模型已摘下面具，但如果我们想继续生活，就注定要继续使用我们的模型并为它服务。除此之外，我们没有选择（除了自杀）。也就是说，尽管奥斯威辛集中营已然伫立，但我们仍须继续我们的经济、政治、科学、艺术和哲学活动。尽管已发生万般事件，我们仍要继续前进。

这就是为什么有人会建议我们设法忘记发生了什么，设法放下奥斯威辛事件。他们坚持认为,关于这个主题,我们所说、所书已经足够多。因此,是时候去"战胜"它了。但是,这种鸵鸟策略本身是灾难性的,其导致的结果是奥斯威辛从 20 世纪 40 年代的波兰转移到了未来的后工业社会。灭绝营的特点恰恰在于它不是一个可以"战胜"的事件,因为它是西方程序中内在虚拟性的第一次实现。除非我们完全认识到这一点,否则灭绝营会以其他的形式重复。奥斯威辛带给我们的"益处"(如果这是一个合适的术语的话)在于,作为具体案例,它揭示了西方文化趋向于成为这种装置的事实。由此,人们第一次切实地体验到我们文化中固有的乌托邦,也第一次认识到无论以何种形式、无论我们朝着哪个目标走,这种乌托邦都是灭绝营。

当前,在目所能及之处,我们都能观察到奥斯威辛的变体。装置在各处涌现,它们如雨后的纳粹蘑菇那样,从腐烂的地面破土而出。当然,从表面上看,这些新装置不同于纳粹灭绝营,它们带有各式标签。那些假意激励装置运作的意识形态也不一样。就算是那些已被公认为企图进行灭绝活动的装置(如古拉格、未来的核战争或越南战争的装置)也声称自己有别于奥斯威辛,而其他装置(比如科学的、技术的和行政的装置)更声称自己是"人类之友"。但是,这些标签和意识形态具有某种欺骗性,它们只为掩盖装置的本质。装置是为实现某个程序而进行复杂内部运作的暗箱,如同奥斯威辛那样。它们都根据自身固有的惯性运作,其功能从某种程度上摆脱了最初程序编排者的控制。归根结底,所有这些装置的功能都趋向于消灭其功能执行者,包括编排程序的人。这是因为装置会将人类物化和非人化。

因此,西方文化是一种试图把自身装置化的程序。西方的特点在于它能够进行物化性的超越。这种超越可以让所有现象(包括人类现象)转变为知识和操纵的对象。这种超越之所以存在,是因为犹太-基督教。历史上，犹太-基督教催生了科学、技术和奥斯威辛。犹太人被物化为灰烬就是西方精神的最终成果，也是一种被运用到极致的社会技术。当然，"化人为灰"是一种原始的、初步的社会技术，这种技术会逐步自我完善。接下来，世上会出现不那么触目惊心的物化过程，如社会的自动化。这种物化采取何种形式并不重要，但它将永远是对人类的物化性的操纵。在不久的将来，装置虽不一定是焚化炉，但它们（不仅仅是核装置）都将毁灭人类。

　　除装置之外，西方的程序中还包含一些其他的虚拟技术。许多虚拟的技术还没有被实现。从这个意义上说，"西方的历史"还没有结束，西方的游戏还在继续。但是，所有未实现的技术都被装置侵染了。这就是为什么现在的我们无法推动"文化的进步"，因为这样做就是推动我们自己的毁灭。我们已经对自己的文化、对我们的立足之地失去信心。换句话说，我们已经对自己失去了信心。正是这种虚空之声回荡在我们迈向未来的路途上。留给我们的任务是分析奥斯威辛事件的所有细节，通过这种分析，发现第一次实现的基础性程序，以此培植出把我们自身投射到程序之外、投射到西方历史之外的希望。这就是我们注定从此要生活其中的"后历史"的气候。

3. 我们的天空

　　哥白尼革命改变了我们的宗教体验,它将地球推离宇宙中心,废止了那片曾包围和庇荫人类的天堂。天空的宗教性不再,转而成为天文学意义上的存在。同时,这场革命创设了另一个宗教性的天堂,即一个不再"凌驾其上",而是"超然其外"的天堂。这就是太空旅行不具有宗教性影响的原因。只有设法结合我们的体验,才能根据这种体验把"高"和"低"这两个术语的含义限制在人类躯体的标准范围内。但是,在虚无的太空中,这种"高""低"是微不足道的。如果我们能领会这些语词含义的相对性,便能理解"地狱"和"崇高"等派生术语意义的相对性。不过,这仍然会影响人的宗教体验。

　　与文艺复兴时期相比,当前的天文学不再那样反对宗教。与之同理,任何一门自然科学都不会决然反对宗教。有关达尔文主义的论争是科学与宗教间的最后一场论争。这是因为"宗教信仰"(fé)与"知道"(saber)的含义均发生了变化。宗教信仰不再意味着"相信"(crença),而是"信任"(confiança)。"知道"也不再意味着拥有不容置疑的信息,而是拥有"值得信任的信息"。宗教信仰不再指向"这是真的吗?"的问题,而是指向"我能否信任它?"的问题。因此,科学命题(人类知识源泉)不再摆出不容置疑的样子。如果它们保持这种样貌,反而不会被视作科学的。科学命题摆出值得信任的样子,恰恰是因为它们能被"证伪"。这意味着,宗教信仰与知识在我们的信仰体系中不再对立,而是处于互补的关系中。我们信奉科学,同时承认宗教信仰经验也是知识源泉之一。但是,这种互补关系对宗教和科学而言皆是危险的,它将两方都相对化了,即宗教和科学都自我削弱,共陷危机。可以说,宗教信仰和知识同处于一场信任危机。

例如,当我躺在床上时,我"知道"这张床是一大堆漂浮在虚空宇宙中的粒子。尽管如此,我依旧相信这张床是坚实的。我对周遭客观世界坚实性所抱有的这种信任不仅不是反科学的,反而能帮助科学发挥作用。原子结构的知识并没有打消我对物体坚实性的信任,但打消了我对一些科学命题的信任。这些科学命题投射出一个虚空的,并因此在存在层面不可抵达的宇宙。同时,这些命题也消磨了我对宗教话语的信任,因为宗教话语投射出的是一个实心的固体宇宙。由此,宗教信仰和知识之间形成的这种互补关系,同时侵蚀了人们对二者的信任。

宗教人士可能会反对,认为上述例子与某种模糊的信任有关,但与宗教信仰无关。于他们而言,确切来说,宗教信仰不是对物质世界的信任,而是对某种物质世界以外的,超越性、基础性结构的信任。在此情况之下,宗教信仰恰恰是连接客观世界和超验世界的孔洞。然而,这种反对是错的。当然,有些宗教体验可以穿透物质世界,进而揭示物质世界具有一层掩盖"真实"的"欺骗性外表"。但是,这种体验并非西方宗教信仰的特征。当我们的宗教信仰洞穿物质世界时,它揭示出世界在作为"神之创造"的意义上是"真实"的。西方宗教信仰展示的超然性是一个支持客观世界并强化人类对客观世界信任的空间。它为人类认识和操控客观世界提供了余地。同时,它是孕育"理论"的地方——人们从这里把"技术"应用于世界和物质。因此,西方宗教信仰意味着对客观世界坚实性的信任。这种信任是西方宗教信仰的一部分。从这一视角来看,西方的宗教信仰并没有面临危机,因为大家都要培养对物体坚实性的信任,除非我们疯了。此外,如果当前宗教信仰与知识之间存在的这种互补性消磨了人们的普遍信任,这便表明宗教和科学在多大程度上植根于同一基础。我们不是,而且也不可能是前苏格拉底学派或佛教的信徒。

但是,宗教人士有一点认识是正确的,即宗教信仰不仅意味着对物体坚实性的信任,至关重要的一点是,它更意味着对他人与自身的信任。在西方世界,"神"是一种爱人如己的方法,西方宗教经验在人的脸庞上揭示神的样貌。于是,这成为我们拥有的唯一的神的形象——人即神的形象。对上帝至高无上之爱恰恰意味着爱人与爱己。除此之外,没有彰显爱上帝的方法,人们也找不出第二种方法来战胜事物。因此,西方宗教经验意味着信任物。除此之外,还要信任作为神之形象的他人。至此,我们也不得不承认宗教信仰已陷入危机,因为世人现在已经不可能再信任他人了。

人们可能认为是科学人类学导致其失去对彼此的信任。例如,弗洛伊德主义揭示了人类是不值得信任的,人们可能由此认定,科学与信仰之间无论如何都存在冲突。但是,这也是一个错误的观点。这种科学人类学并非信任危机的诱因,而是其后果。我们对他人失去信任并不是基于我们对他人的认知,而是基于我们与他人、与众人、与自己相处的具体经验。当前以及此前数代人积累的阅历不容置疑地证明了,人不值得信任,信任他人是疯狂的行为。

"上帝已死。"上帝之所以"死",不是因为我们掌握的知识已超越过去的几代人,而是因为我们的所作所为扼杀了上帝。我们的祖辈、父辈甚至我们自己都曾犯下罪过，奥斯威辛就是典型的见证。它确凿地证明疯子才想爱重他人，也证明人类是被操纵的、受制于知识的对象。当对人的技术操控变得司空见惯时，就不能希求从自己身上见识神的形象了。这时，倘若不信任物，也显得太过疯魔，选择信任人类的那部分人已经疯魔了。这就是上帝之死，一场真正的宗教信仰危机，一场由这种信仰、由西方文化衍生的波及万物的危机。

因此，这场危机并非宗教信仰与知识对峙的危机，而是对人（包括人类知识）的信任危机。科学的预设（其隐含的"知识理论"）与宗教教条一样不值得信赖，两者都令人难以相信。但在目前，就教条而言，它们越是不可信，却越会受到某些社会阶层的追捧。因为这些阶层的人意识到，失去对他人与自身的信任会给生活带来多大困难。这些教条越是令人难以置信、"理性"的牺牲越多，回到教堂与犹太会堂的"价值"也就越大。这是"夺回宗教信仰"，重建信任并从后门重入信仰怀抱的例子。

最近，在科学知识领域，人们也能观察到类似的现象。科学对"免除价值评判"、对客观性的张扬已变得令人难以置信。一些科学家甚至准备牺牲自己的"批判意识"来拯救客观的知识。他们设法通过一种宗教性的态度，来保护人们对科学知识的信任。因此，科学正处于一个宗教化阶段，它正化身为一种既定的宗教。当前，宗教信仰的危机及信任的危机正在把科学与现有的宗教混同起来。

表面来看，当前的宗教形势呈现出十分复杂的局面：一些精英分子试图"夺回宗教信仰"，以此来重建对人类的信任；另一些精英人士则寻求重获科学信任的方式。除此之外，绝大多数人则以一种被动且有些无意识的方式，忍受着信任的堕落。他们以仪式化的方式摆出信任宗教与科学的姿势，因为他们已经接受了大众文化的编排。但是，如果更仔细地考察,会发现目前的宗教状况极为简单。对人的信任、对上帝的信任,以及对"物化"的超越性的信任正变得难以为继。上帝已死,西方的宗教信仰连同我们的立足之地都正变得缥缈空洞。

这便解释了为何会有那么多人试图逃离我们的文化,在各种奇异之域、幻想之所或"狂热迷群"中寻求救赎者。这些都是绝望的行为,而不是信任危机的体现,也不是怀疑人类"本体论尊严"(好像我们不确定人是否为神的形象)的案例。它表现了一种确凿无疑的情形,即人是一种可操纵的对象。宗教信仰可以与怀疑完美共存。事实上,宗教信仰不能没有怀疑而独存。确定性会扼杀宗教信仰,因为确定性就是绝望。因此,任何一种策略(哪怕是逃避现实的策略)都无法拯救如今的宗教信仰。

当前科学的危机为我们展示了确定性扼杀宗教信仰的最佳实例。我们可以把科学视作一种有条理的质疑,甚至可以说对科学表达的信任中包含必要的怀疑。但是,当人们确证科学知识中"不可能"的一面(如它不可能抵达具体经验),即当怀疑态度出现后,对科学的信任便停滞了。怀疑的绝望终结了人对科学的信任,正如对人类的绝望终结于宗教信仰那样。这进一步证明,科学在很大程度上只是深陷于危机的一种宗教。我们对人的绝望、我们对他人的确定性正在杀死上帝,即杀死一切信任的形式。

剩下的是绝望的做法、试图逃避虚无的做法。就此而言,宗教性的天堂和天文学中的宇宙最终是同一个深渊。我们把自己抛向"超然之处",正如我们把自己抛向星际空间,以此逃离我们脚下已经裂开的深渊。"高"与"低",以及由此衍生的术语"崇高"和"地狱"都已有相对的含义。同样的,我们可以把这种自我抛掷的行为判定为"升华"或"极端异化",但这两者间也毫无区别。今天的我们将自己的行为解读为"进步"或"堕落"，这两者间也毫无区别。

从某种程度上可以说，我们的时代又成了"天主教"的时代，就像"反宗教改革"①（contrarreforma）运动时期的天主教那样。同时，我们也是某种意义上的"天主教徒"，因为目前，无论在我们的意识还是潜意识中，都存在一种关于人类本体论地位的常识，即人是一个无根据的、一种可被物化的存在。这一共识中包含一种特定的消极性宗教信仰，它是西方宗教信仰的一面镜子。与我们天真的信奉无神论的父母相反，我们有深刻的宗教体验（尽管这种体验是反常的）。但是，值得质疑的是，我们深刻的宗教性体验是否只是一种安慰剂。

---

① "反宗教改革"并非为反对宗教而改革的意思。它指天主教会在面临教改运动时蓬勃发展的、反对教廷权威的新教派别，自己对内开展改革以对抗新教影响的运动。这是以强化教廷权威、对抗新教影响为目的的改革。——译者注

4. 我们的程序

　　世界与人类的存在具有程序性，这是相对较新的观念。我们还没有认识到这种观念所隐含的某些意思。我们继承的神秘遗产使我们接受那种由命运支配的世界与存在的观念，而自然科学则唤起了由因果关系支配的世界与存在。当前的时代要求我们重新思考这些有关命运、因果和程序的观念。

　　我们的宗教传统及其背后隐藏的、神秘且基础性的经验，向我们投射出一个形象。根据这个形象，人类及其所生活的世界都臣服于一种被要求锚定的意图。意图的隐晦性和目标的模糊性开启了人类对抗这两者的神秘能力。尽管难以理解，但这一形象中隐含的问题十分熟悉。与传统相对，自然科学投射出另一种形象。根据这个形象，每一事件都是特定起因的结果，也是特定结果的起因。经验是这种形象中复杂因果链条网的一部分。目前，人们正变得难以承受这两种形象。它们各自表明自己是对具体情形的天真的推断，而这种情形是"程序化"的。这两种形象之所以令人难以承受，一是出于认识论层面的考量，二是出于近来的政治经验。这两个原因均指向投射出这两者形象的天真的意识形态。

在宿命论的终极目的式（finalística）的形象中，核心问题是人的自由问题——人是否能以自由之意志反抗自身之命运？如果可以，他又胜算几何？这些问题涉及将人从驱使他的"缘由"与"罪"的问题中解放出来的可能性。这是因为，终极目的式的形象是一种带有伦理色彩的政治愿景。它指向两种极端，一种是宿命论，另一种则是任意性。

在因果关系式（causalística）的形象中，自由问题以另一种方式呈现。这个形象毫无政治性愿景，而是带有一种非伦理性的、机械主义的色彩。它在决定论和混乱这两个极端之间，排除了自由的可能性。但是，这一形象也让"主观"自由的概念成为可能，即尽管行动是由"客观"情况决定的，但鉴于每个特定事件的原因都具有难以洞悉的复杂性，其后果是不可预测的。于是，人们便可以采取行动，就好像行动是自由的。

直到现在，人们似乎不可能在"程序化的"形象中阐释自由的问题。"自由"这个术语在这个新语境中似乎没有意义。以下一些实例可以说明这种观点。

终极目的式的宇宙观认为，宇宙是朝着理解的最终阶段前进的一个阶段的情形。因果关系式的宇宙论认为，宇宙是一种从先前必然情形中出现的情形，也必然产生作为其后果的未来情形。程序式的宇宙论则认为，宇宙是这样的情形：其中特殊且固有的虚拟性存在（这些虚拟存在自始就是宇宙的一部分）偶然地化为现实，而其他虚拟存在仍然存在，也将在未来以同样的偶然性方式得以实现。

终极目的论式的人类学认为，人是进化的结果，因为它更接近生物性进化的目标。因果关系式的人类学认为，人类是灵长类分支中的一个物种，是构成生物过程的因果链上的一环。而程序式的人类学则在人类身上看到所有生物普遍具有的基因信息的一种可能排列。

终极目的论式的行为学认为,人类行为是一系列由动机驱使的运动。因果关系式的行为学认为人类行为是一系列内因与外因的反射。程序式的行为学则发现,人类行为是人类及其环境中固有的虚拟事件的偶然表征。

如果我们从程序的角度看待宇宙、人类、行为领域中应用的模型便会发现,可以将热力学第二定律(认为宇宙是一个熵增的过程)应用于宇宙学。分子生物学(认为特定核酸的结构包含所有可能的有机形式)适用于人类学。分析心理学(认为人类行为所表现的是潜意识中的特定虚拟情形)适用于行为学。如果我们将程序化的形象扩展到其他领域,如逻辑学、语言学、社会学、经济学、政治学等,便会发现,所有的模型都具有相同之处——它们都是程序。

这些程序的特点在于,它们是一种将偶然事件变成必然事件的系统。在这些游戏中,只要游戏者参与的时间足够长,即便最不可能发生的虚拟事件也会成为现实。根据热力学第二定律,像行星系统这种形成可能性极低的结构,也必然会出现在宇宙大爆炸包含的程序演化的进程之中。但是,它们是在某个特定时刻偶然出现的。在基因信息包含的程序演进中,必然会出现一些诸如人类大脑等完全不可思议的结构,尽管这种结构在变形虫那里也是完全不可预测的。它们在某个特定时刻偶然地出现,如《费加罗的婚礼》般美妙绝伦的艺术作品,它本身就包含在西方文化的最初程序里,它们是这一程序运转过程中必然出现的事件。但是,如果我们从最初的程序(如在古希腊音乐)中寻找这些作品,就是十分荒谬的。因为尽管这些作品已成为必然,但它们实现的过程是在游戏中偶然、随机地出现的。

因此,从程序的角度看,基本概念的出现是偶然的、新的情况。但是,对于终极目的论式的思维而言,不存在偶然事件。因为该思维显示,那些看似偶然发生的事实际上是尚未被发现的意图。在因果关系式的思维中,偶然事件的作用是微不足道的,因为它认为那些看似偶然的事件实则是一个尚未被发现的原因。但是,对程序式的思维而言,一切恰恰相反:那些看似是原因或意图的东西,实际上只是单纯地演示某种偶然事件的发生。终极目的论式的思维是天真的,它通过寻找偶然性背后的意图来赋予事件意义;因果关系论式的思维同样天真,它寻找偶然事件背后的原因来组织这些事件。实际上,如果从拟人化的角度来看,程序似乎就是意图;如果机械地看待它,程序好像也就是原因。因此,从程序性的角度来看,终极目的论式的思维是一种拟人化的意识形态,因果关系论式的思维则是一种物化的意识形态。程序性的视角试图把这些意识形态"放在括号之内",并认为偶然性是一种具体的既定结构。程序式的视角是荒诞的。

当前的程序式思维无处不在。自然科学和人文科学都倾向于表明,每一个终极目的论式或因果关系式的"解释"注定会失败。终极目的论式的解释之所以失败,是因为它们根据未来解释现在,即根据抽象的"尚未之事"解释具体事件。因果关系论式的解释之所以会失败,是因为它们根据过去解释现在,即根据抽象的"不再之事"解释具体事件。人们能从艺术中体会到程序式思维的运作。当前的各项发展趋势均表明,人们是通过一种不可思议的概率游戏、一种"发生"的游戏,一步步地经历现实事件的。但是,程序式思维的落实首先在政治领域显露出其本质。如果人们将社会行为体验和解释为一种由无目标、无意图的、荒谬的程序编排而成的行为,那么自由问题(政治的问题)也将会变得不可思议。从程序式的角度来看,政治与历史均走向了终结。

在程序性的现实到来以前,人类有可能同时生活在终极目的论式和因果关系式的现实中(尽管这二者相互矛盾)。人们站在因果关系论式的视角上对待自然,站在终极目的论式的视角来审视文化。人们可以将自然物化,也可以将文化人格化。自然科学可以是"硬性的",而人文科学可以具有"柔性"。这种现象之所以可能,是因为两个视角均具有某种线性结构,即"意图—目标"和"原因—结果"。程序式逻辑中没有这种线性结构,而是具有多元维度。终极目的论式与因果关系论式的线性结构只是程序化现实的两个维度。程序化的形象吸收这两种形象,然后对它们进行转换。程序化形象的困难恰恰在于这种"帝国主义"的品质,因为它不允许任何其他形象与之并肩而立。

这无疑在我们的认识论和美学层面构成了挑战。但是,这种挑战首先是政治层面上的挑战,因为人们难以消化程序化现实的概念。这是关于自由的问题,是关于如何把人从他人的意图中解放出来的问题。于是,在政治中,终极目的论式的思想成为唯一合适的思想。程序化现实提出的一项挑战在于,如果我们想维护人类自由的概念,就必须学会不带政治意图地思考。这是一个悖论,如果我们继续从政治角度开展终极目的论式的思考,如果我们继续寻找那个统治着我们的程序所隐含的意图,我们就终将成为这种荒诞程序的惨痛的受害者,这个程序也就恰恰预言了虚拟事件中"去神话"的尝试。

我们可以深刻洞悉不同的装置如何步步为营,编排出个人和社会性行为的方案。以此为基础,我们也可以察觉"智能型工具"的行为。我们了解它们的程序,也能通过这些程序来认识我们自己的行为。这也就是说,我们永远能更好地观察到,在多大程度上,程序化的现实变得不那么"理论化",而是在实践中被越来越多地应用。当然,这种应用是深思熟虑后的应用,程序编排者在其中发挥作用。然而,尽管如此,如果我们坚持终极论式的思维,如果我们继续寻找程序背后那些编排程序的人,来揭示他们的意图,我们就终将失去这一境遇中最重要的东西。在当前的境遇中,任何"文化批评"都有违时代潮流,因为当前最关键的事实在于,尽管程序是由程序编排者编辑出来的,但程序具有自主性。程序的功能总会越发独立于编排者的意图。此外,也有越来越多的装置是由其他装置编排出来的。它们的初衷总是逐渐脱离人们的视野,变得不那么引人关注。人类的编程行为本身也越来越多地被装置编排出来。当然,有一些编程者会在主观上认定,自己是那个决定装置如何作出决策的人。但事实上,他们不过是被程序编排的功能执行者,他们被编排出这样的自我认同。"文化批评"天真地认同了编程者的天真,接受了那些被程序化的观点。如此一来,它本身便成了程序内的功能。装置逐步把编程者和批评家都收入囊中。如果我们继续从政治的角度来思考并依此行事,自由便会终结。

我们既不能将装置人格化,也不能将其物化。为了理解装置并借此将其嵌入元程序,我们必须理解程序愚蠢的具象之处,理解那些被编排的、荒诞的功能性。但矛盾的是,这种元程序是同样荒诞的游戏。总之,如果我们想从功能主义中解放出来,我们必须学会接受荒诞。自由只能被想象为一种与装置和程序展开的荒诞的博弈。只有在我们承认政治和人类整体存在于荒诞的博弈中时,自由才是可以被想象的。我们是继续成为"人"还是成为机器人,这取决于我们学习博弈的速度——我们或许能成为博弈者,或许就只是棋子。

5. 我们的工作

农业社会向工业社会的转变具有本体论层面的影响。农民和工人对现实的体验不同。当下，我们从工业社会向后工业社会的转变将产生类似的影响，工人对现实的体验不同于功能执行者的体验。

农业是对富有生机的自然界展开的耐心操控，工业则是对无生机的自然界进行的暴力操控——它迫使自然界根据模型来重塑自身。农夫耐心等候，让动植物在他的照料下茁壮成长，最终为其所用；工程师则迫使自然材料依从项目的要求。对于农民而言，现实就是经他关怀照料的生命体；对于工程师而言，现实是一种可被锤炼、煅烧、气化的材料。这种源自实践的本体论也延伸到对他人的认识上。对于农民而言，他者是一个他必须照管的农奴或家畜；对于工厂主而言，他者是必须按照预先制定的模具被塑造出来的工人，如某类民众。因此，那些被嵌入主导性本体论的人们依照这种本体论成为他们自己；农奴成为羊群，同时承认作为牧羊人的统治阶级；工人成为民众，而统治阶级则成为锤头。

从农业社会到工业社会的转变，是用科学的世界观取代亚里士多德式充满生机的宇宙观的过程。这意味着对"理论"意义的重构。对于农业社会而言，"理论"是永恒形式的概念，如母牛与小麦的形式；对于工业社会而言，"理论"是易变形式的详解，如锤子和鞋的形式。经验、概念与行动都随社会类型的变化而变化。

农业社会里也有工匠，正如工业社会中也有农民。他们的实践尽管与主导性本体论不相称，但仍受制于该本体论。铁匠锻造割麦用的镰刀，农民为盛满奶瓶而去挤牛奶。农耕文明中的铁匠在那个生机盎然的宇宙的功能框架中锻造工具，工业化社会中的农民则在了无生机的宇宙功能框架中挤牛奶。这两种社会都有管理者：教会是农业社会的统治机关，国家是工业社会的统治机构。在这两种情况中，管理者也都受到主导性本体论的影响，即教会管理羊群，国家管理民众。

当前，从工业社会到后工业社会的转变是一种试图将变化降到最小的转变，目的是避免我们意识到正在进行的本体论的革命。可以说，这只是社会工作类型的一种比例调整。比如，对于农业社会而言，多数派由农民组成，少数派由手工业者组成，而微乎其微的少数派由管理者组成；对于工业社会而言，多数派由工人组成，少数派由农民组成，微乎其微的少数派由管理者组成；对于后工业社会而言，多数派由行政化的功能执行者（公务机构和白领、工人）组成，少数派由工人组成，微乎其微的少数派由农民组成。

然而，这种把变化最小化的努力注定会失败，因为这种成比例的调整改变了所有的工作形式，包括少数派的工作形式。工业社会使农业和管理工作实现工业化，后工业社会则逐步使工业和农业工作功能化。但是，这种最小化的举措意在掩饰一个事实，即这种工作类型的转变改变了占据统治地位的本体，进而改变了社会的经验、愿景与行动。为了把握这一自我形成的新本体，我们有必要考虑它的来源，即功能执行者的实践。

功能执行者们坐在桌后,接收其他功能执行者递来的布满符号(带有字母或算法)的文件。他们将一些文件存档,在另一些文件上加盖类似的符号,再将它们发给其他功能执行者。这名功能执行者接收符号、储存符号、生产符号、发送符号。他的工作一部分采用人工完成,一部分采用文字处理器之类的控制性装置完成。他的实践发生在一个所谓"被编码的世界"背景之下。

符号是已经被我们有意地、半有意地或无意识地当作约定俗成之物的现象。它们的作用是赋予事物意义。对于那些参与建立常规的人而言,这些符号是"可判读的"。逻辑学区分了两种符号:一种是观察式的符号,其意义是具体的现象;另一种是理论式的符号,其意义是其他符号。逻辑学也证实,理论式的符号可以被简化为观察式的符号,除非它们是"虚空"的符号。因此,逻辑学认定,功能执行者的实践可以被简化为具体的实践,除非它是一个"虚空"的实践。归根结底,功能执行者的实践和每一种实践一样,目的都是改变具象世界。

然而,通过探究功能主义的含义,我们发现上面这种对功能实践的解释是一个错误。在那些让功能执行者发挥作用的装置中,它们会为了"输出"一些东西来设置插槽(或开口)。例如,功能执行者通过柜台将排布符号的文件送交给具体人员("物理性的、身体层面的",正如所谓的"有征候的")。又如,根据逻辑学的分析,护照是其持有者(具体的人)的能指,功能执行者则是护照的发送者。对于功能执行者而言,意义向量被颠倒了。在他们那里,具体的人(护照接收者)是护照的能指。具体的人是符号,护照却是意义。这个人在护照上被表示为一串符码。功能执行者的现实世界是"护照",人则是那个赋予护照意义的"东西"。这种意义向量的倒置具有功能主义的特点,即它的实践不是要改变具象世界,而是改变编码世界。

对功能执行者而言，编码世界是一种"仅此罢了"的现实，因为他的事业和生活都包含在这个世界里。他操纵这些符号的方式决定了该装置是否会使用他，他是否会进步，以及他将以何种方式退休。他以符号履职的方式获得薪水、假期、休闲（总之，他的各项权利）。功能执行者并不期望该装置能改变具象世界，而是希望它赋予自己权利。这便是符号之于功能执行者不同于其之于逻辑学家的原因——现象为了获得意义而成为常规的约定俗成之物。对于功能执行者而言，它们才是真正的现实。每个不同于这种本体论的思想对功能执行者而言都是异类。

对农民而言，"要活着"意味着要照料生机勃勃的自然界，要在生命宇宙的秩序中占据"恰如其分"的位置。如果这个为农民保留的位置被剥夺了，农民就会奋起反抗。在占据主导地位的本体论看来，农民具有保守性。对工人而言，"要活着"意味着要享用他的工作成果，即产品。如果发现自己无法获得这部分结果（"剩余价值"）时，工人就会设法建立一种对现有商品的公平分配机制。在占据主导地位的本体论看来，工人具有革命性。对于功能执行者而言，"要活着"意味着要在一个赋予他权利的装置中工作。如果该机构拒绝赋予他权利，那是因为它的程序编辑不良且发生了故障，所以该装置必须被稳定下来。对于功能执行者而言，权利不是道德的或政治的判断，而是形式层面的判断。在占据主导地位的本体看来，功能执行者是形式主义者。在后工业社会中，区分保守主义和革命主义、右翼和左翼的尝试毫无意义，因为政治失去了意义。

这似乎表明了后工业社会是一个官僚主义社会、一个功能执行者居主导的社会，但一切却表明这是一个错误。因为恰恰相反的是，凡是存在官僚主义的地方，都还没有编辑出运行良好的后工业社会。因此，功能性程序将主导后工业社会,其中的功能执行者将循序渐进地发挥作用,它运作的具体方式就像隐藏在暗箱中的齿轮。这便是技术官僚主义。功能执行者无法与以前社会中的农民和工厂主相提并论,只能与农奴和工人相比。统治阶级显然是程序编辑者(尽管经过仔细的分析,人们就会发现他们其实也是特殊的功能执行者)。装置将构建真正的统治阶级,构建一个非人的社会。

尽管如此,程序编辑者仍是在此前社会中不存在的"新人"。他们认为自己是游戏整个程序的人。对他们而言,重要的不是改变世界,而是改变游戏。对他们而言,现实就是一场功能主义的游戏。他们为规划程序而操纵符号,而这些符号就代表着功能主义。对程序编辑者而言,功能主义每一次寻求"超越现实"的尝试都意味着一种负面意义上的形而上学。只有符号才能被如此表述,符号的终极意义是不可言喻的,而不可被言说之物必然保持沉默。通过实践,程序编辑者成为天生的新实证主义者。对他们而言,"谋生"就是参与一场荒诞的游戏——这便是他们的生活方式。

这种程序式的本体论引导人们发明各种计算机和智能工具,促使社会转变为一个由功能执行者和装置组成的控制论意义上的系统。对于程序编辑者而言,人类是为了在符号化环境中生存而接受编排的功能执行者,是准备接受符号化处理的存在(如在人类被逐个排列的场景中),是等待被插入若干形式化的游戏的密码(如在统计学意义上或使用穿孔卡片的案例中)。尽管后工业社会尚未正式实现,但人们可以在任何地方察觉到它显现的端倪,因为我们已经建立了后工业社会的模型:艾希曼是模范的功能执行者,基辛格是模范的程序编辑者,奥斯威辛则是后工业社会。

然而,这群程序编辑者、这些"新人"还没有完全意识到他们赖以维系的本体论。如果观察他们如何编程，我们就会发现这群程序编辑者无法始终意识到，他们自己也正是在另一个程序的编排下而编辑程序的。当前，主导社会功能的本体论仅在经验层面发挥作用，它还没有被正式确立。人们依旧缺少与农业社会中的亚里士多德及工业社会中的康德相类似的人物。当务之急是在新语境下重新思考"理论"一词的含义。

对于农业社会而言，"理论"是永恒形式的概念；对于工业社会而言，"理论"是对不断更新的模型的详解。在后工业社会，"理论"很可能会是一种游戏策略。我们已经建立了一系列学科。针对"理论"的新意义而言，这些学科就是"理论"，如信息学、控制论、决定论等。这些学科源自逻辑和希腊数学，它们重塑了这些"理论"，以此适应功能性的社会背景。毫无疑问，未来还会出现其他类似的理论。

然而，重要的是人们要意识到：只有当游戏规则适用时，游戏策略才能适用；规则是一种给符号操作设立秩序的惯例；规则和符号均在人类达成共识的条件下才能成立。因此，每一个承认编码世界就是真实的本体论，必将共识视作一个源头。而对这种本体论来说，根本的现实必然是人的主体间性。我们一旦完全发现这一点（已经有迹象表明我们正在发现），便可以想象：后工业社会不一定是一个装置极权主义社会，但有可能是一个在人类普遍共识的框架中详细制定程序的社会。还有一点可以确定，即这种对话式社会的乌托邦愿景与我们已有的关于装置的经验是相悖的。当前，这些经验正编排着我们去达成普遍共识。

6. 我们的知识

　　纵观整个科学史，我们能区分出若干不同的发展倾向。其中，最显著的倾向是数量倾向，即学科变得更多，人们也总是知晓更多。但是，也有不那么明显的质量倾向。例如，有一篇论文认为，科学知识变得让人越发不满足，所以可以把满足度的下降作为衡量科学进步的标准。当一个特定知识回答了一个特定问题时，我们会说它"令人满足"。完全令人满足的解释能穷尽所有问题，于是人们无题可问。

　　我们可以比较以下两个命题："神创造世界以便让人居住其中"和"世界源自大约137.5亿年前发生的一场大爆炸"。两个命题涉及同一个主题，即世界起源，但它却是两个不同问题的答案。第一个问题是"为何会出现世界"，第二个问题是"世界是如何出现的"。这篇论文认为，上述两个命题（科学史）间的分歧主要表现在对问题的重构上。在历史开端处，人们以"目的何在"为题开始发问，之后还会有以"为什么会""怎样"作为开头的问题。这些问题都在因果推演和形式（在上文中我们称其为"程序化"）中结尾。文章认为，第一个命题是"终极目的论式的解释"，第二个命题则是"程序式的解释"。

　　在"神"和"大爆炸"之间（从公元前6世纪到现在），终极目的论式的解释从科学话语中逐步消失,因为它让人太过满足了(这是一个奇怪的原因)。这种解释穷尽了所有问题,并且不允许人们提出其他问题。比如,有人说"下雨了,所以路会湿",这种解释实际上没有为关于雨的发问留下任何余地。因此,终极目的论式的解释意味着话语流的中断。从这个意义来看,它们不是"好问题"。目前,尽管终极目的论式的解释在生物学领域中更难根除,但它们几乎已经从所有自然科学的论述中消失。然而,终极目的论式的问题仍是如今政治话语(或文化类学科)的特征。

对于自然学科而言,此类问题已经被因果关系论式的问题取代了,这使得有关这些学科的论述变得异常活跃,总是以迅猛之势流向新的解释。但是,此类进步的代价十分高昂。如果有人解释"动物之所以能看见事物,是因为它们长了眼睛",而不是说"动物长眼睛是为了看到事物",我便会产生一种不满足的感觉,觉得自己在某种程度上背离了这些解释所涉及的"动物"现象。如果人们尝试用文化学科领域的因果关系取代终极目的论式的解释(就像 19 世纪以来人们所做的那样),这种满足感的缺失便会更加明显。如果我用一个因果关系论式的解释,即"小偷盗窃是因为在童年时期受过精神创伤",来取代终极目的论式的解释,即"小偷盗窃是为了变富",我便能知道重构这个问题意味着什么。因果关系论式的解释消除了终极目的论式的解释所隐含的一个维度,即价值判断。在因果关系论式的解释下,宇宙中不存在价值,即在这个宇宙中,询问动机毫无意义。这就是为什么因果关系论式的解释的话语没有终极目的论式的解释那么令人满足——因为前者的含义体系相对贫乏。

最终,科学被迫在若干领域内放弃因果式的解释,转而用形式化的解释替代。例如,人们如果将一个孤立的光子投射到有两个窄缝的屏幕上,便"不好"提出"为什么这个光子会穿过其中一条窄缝,而非另外那条"的问题,而"好"的提问是"这个光子是如何行进的"。形式化问题对因果式问题的不可避免的取代,使心理学领域的设问变得尤为艰难,诸如"人们为什么这样做事,而不是用其他方式"的问题会被"人们如何做事"的问题取代。科学不得不促成这种替代,因为"原因"这个概念变得太不稳定,甚至无法"发挥作用"。然而,形式化的解释完全无法令人满足,因为它没有触及关于存在的层面上,那些让我们真正感兴趣的问题。这种解释避开了一个问题,即"人们如何在特定情况下作出决定和采取行动"。这种问题挑起了每个人的求知欲。

在前面提到的那篇文章里,作者认为,科学进步是以人们对其解释满足度的逐渐下降作为表现的。这一论点来自对命题的逻辑分析,而正是这些命题构成科学话语。因此,可以说这是一种"对科学的批评",而不是对所有人类知识的批评。此外,可能还存在另一种人类知识,即它来源于其他类型的学科(如哲学、艺术直觉等),并非借由人们不断降低的满足度脱颖而出。这是因为这些知识类型是科学无法统摄的。当涉及"不可杀人"这类不容置疑的知识时,这似乎是最正确的。这类知识(它们将是每种道德和每次政治性行动的来源)超出科学的能力范围,因此也超出了逻辑批判的范围。最后,我们似乎能得出这样的结论:尽管科学提供的解释越发无法满足我们,但我们却抛弃了其他知识的源头,而这些源头本来可以让我们能够在任何情况下作出决策并采取行动。

可惜,这种对人类知识现状的理解是错误的。科学实际上能统摄所有人类知识,所以逻辑批判也能运用于任何构成人类知识的命题。科学的话语可以抵达并占据每一个知识领域。在此过程中,科学的话语让所有知识领域都脱离价值维度,并且最终免于对原因的追问。它在人类知识体系中贬低并消磨原因，成功地将科学范畴之外的命题转译成科学的命题。它将"汝不可杀戮！"转化为"你若杀人，你会被抓"；它将"多美啊！"转化为"这种感受会刺激特定腺体"。因此，这种知识的去价值化并不代表另一种知识，正如我们可以说"我们拥有的是伦理和美学领域的知识，以及与特定学科相关的科学知识"。与之相反，科学性知识会阻挡任何其他类型的知识。当科学性知识把命令性命题与选择性命题都转化成认识论命题时，我们能从被转化的命题中发现，科学包含有缺陷的命题。"汝不可杀戮"这个命题是有缺陷的，因为它是一种关系。这种关系压制了其中一种说法（"你会被抓"）。命题"多美啊！"也存在缺陷，因为它需要一种意义。科学证明，所有具有评价性的知识都是伪知识，都是意识形态。因此，当科学把外在于其范畴的知识都定义为意识形态式的知识时，科学便成为当今有关知识问题的唯一权威。因此，上面提到的逻辑批判针对所有的知识——它们都正逐渐变得不那么令人满足。

当然，人们可以奋起，反抗这种剥夺我们价值的科学帝国主义。但不可否认的是，科学仍是我们唯一的权威。权威的特征在于，它能在传递讯息的过程中省去执行者，即人们可以仅凭共识来接受来自权威的讯息。如今，每个讯息发布者（每种"权力"）都需要执行者，但科学除外（人们凭借共识来接受科学的讯息）。在除科学外所有权威都是"赝品"的情况下，这种真正的权威显然是非常容易令人感觉不满足的。因此，我们可以把科学批评及自上而下重塑科学的尝试理解成人们为克服自身所处的危机而作出的尝试。

这就引出了科学与科学批评的关系、知识与智慧的关系、科学与哲学的关系等相关问题。与其他文化相比，我们文化的一个特点是，在西方，哲学孕育了科学，但科学转而又吞噬了孕育它的哲学。凡在科学扎根的领土中,便无哲学的立锥之地。对于苏格拉底之前的希腊人而言,自然属于哲学领域,甚至在巴洛克时期,希腊人在从事自然科学工作时也会把科学喻为"自然哲学"。然而目前,人们不再把哲学思维运用到对自然现象的研究中,因为哲学已经被科学占领。尤其是心理学,这门学科迄今仍是一门哲学类学科,却属于科学领域中的一个"专业门类"。最后一个例子就是政治科学占据政治领域,信息学占据美学领域。这是哲学的终点。当前,哲学仅存的领域是科学批评领域,但这也是个不稳定的领域——它正滑向科学。总之,知识吞噬着智慧。

于是,当前知识的境况产生了,即我们远比此前数代人知道得更多。科学话语的宇宙会自我扩张和深化。在此过程中,科学问题推陈出新,我们的设问也变得一步步丰富起来。我们越来越不满足于从此类问题中获得的答案,这个宇宙也越来越远离价值与原因。每种科学范畴之外的知识都被认定为意识形态化的,而科学扮演着把我们从意识形态中解救出来的角色。我们关于存在的设问被定义为"糟糕的问题"。我们没有给智慧留下余地,知识以荒谬的方式向前推进。

科学话语的宇宙无限扩张着,它截断了价值评估的维度和原因的维度,成为一个形式化的、虚空的宇宙——一个在人类存在的问题上毫无意义的宇宙。这个观点之所以能被确认,是因为科学话语的宇宙不仅是一个不可想象的宇宙,还是一个一旦尝试着想象它便会被证伪的宇宙。科学告诉我们,当我们试图想象科学时,我们便在以十分糟糕的方式接收它的讯息。因此,科学知识成为一个与我们具体生活的世界不再相关的宇宙——科学知识已变得荒诞。

我们期待,那种呼吁回归事物本身的现象学能克服这场科学的危机。这场危机包含与科学相关的内部与外部两个方面。但在这里,最重要的是揭示出科学是一种符号的游戏。科学的宇宙是一个符号的宇宙。在这个宇宙中，意义的向量被颠倒了，它们不再指向具体的世界。科学"观察"不再试图赋予符号意义；相反，它设法把具体事物符号化。因此，正如牛顿理论之于工业社会，亚里士多德理论之于农业社会，当前的科学是典型的后工业社会的科学。科学已经成为一个程序编辑者的游戏和功能主义的领域。换言之，科学已经成为一种装置。

科学是一款非常迷人的游戏。它是最有趣的游戏，也是那些用于娱乐我们的所有程序中最狡黠的游戏。科学把我们的注意力从基本的知识点上移开，使我们关注那些我们自知不感兴趣的知识。因为我们感兴趣的一切（关于死亡的生命意义）都成为绝然不可知的，这是因为每一个需要这些知识来解答的问题都成了"糟糕的问题"。总之，这就是我们今天所发现的——除了我们感兴趣的东西，我们能知道所有事物。

7. 我们的健康

　　医学是当今时代最大的丑闻,但它也是重构当前科学危机的一个起点。医学是一个混合体,科学性、技术性、直觉性的因素致密地汇聚于此。这是因为生病的人既是主体(施事者),又是客体(患者)。作为客体,他还具有极强的复杂性。在与患者的关系中,医生处于一种我们难以接受的位置。

　　这是一个认识论问题。例如,第三世界国家的新生儿死亡率正日渐降低,而第一世界国家中,堕胎行为正成为所有妇女的一项自由权利。正因如此,第三世界中的父母们无力抚养众多的孩子,而在第一世界中,为数不多的儿童将来也会无力赡养他们退休的父母。当然,这种从新生儿死亡率到胎儿死亡率的转变受到了经济、社会、政治、伦理方面的影响。例如,堕胎(而非新生儿死亡)代表了女性迈向自由的重要一步。但是,这一问题中最重要地方在于认识论层面。这种转变意味着家庭程序编辑的转变,也意味着社会规划的转变。这种编辑的原因与功能无关。无论人类抵抗新生儿死亡的理由是"高尚的"(为了拯救生命)还是"卑鄙的"(为了产生廉价劳动力),都并不重要;重要的是程序的功能是不完善的,它制造了新问题。但是,人们仍然能完善这个程序,完善的途径即实现"零增长"——人们要平衡堕胎行为和新生儿死亡率。这个问题属于认识论范畴,即要等到一个什么样的时间点,人类与社会将成为一种客体,被装置物化和操控。

这个问题要从两方面去看待:一方面,人与社会都是极度复杂的对象,要了解清楚是十分困难的;另一方面,人是一种应该被承认而非被认知的主体。这个问题的第一个方面抛出了这样的问题,即"我如何治疗一个人";另一面抛出了另一个问题,即"我如何对自己的治疗负责"。第一个问题是客体(物)性的,第二个问题则是主体间性的。医生发现其自身同时面临着这两个问题,却无法综合二者,因为它们是两个不同的认识论问题。

作为知识的客体,人可以被视作由若干层次的知识组成的生命体。物理层面或多或少是可以量化的,而其他层面则不可量化(只要其与物理层面保持距离)。这是科学内在的问题。作为主体,人是与我共在(Mitsein)的在世存在,我在他人那里承认自己;我越是了解他,就越是把他客体化(物化),也就越难在他身上认识我自己。尽管这是科学外在的问题,但这个问题使得作为整体、作为一项人类活动的科学遭到质疑。

现代科学是在作为一种实践的手工艺占据社会主导性地位的时候出现的。那时,宇宙不再是作为一种充满生机的存在,而是变成一种由沉沉死气和勃勃生机共同充斥的广阔空间。这种变化引出了一种特定的知识理论,即知识是可思之物对广延之物的调节。这种知识理论的程序中包含量化思维。在它的结构中,广延之物有一个确切的结构,即物体可以分解成平面,平面可以分解成线,线可以分解成点。因此,可思之物必须具有一个可转变为点的结构,即它必须由概念和数字、由那些清晰而显著的元素组成。精确知识的"硬"模型是一种调整,即将广延之物中的每一个点调整为概念或数字。因此，要了解某物，意味着首先要进行列举。

这就引出了算术和几何之间的关系问题。算术有一个"虚"的结构，即两个数字之间（即使它们彼此可能很接近）总存在一个间隔；几何则有一个"实"的结构，即一条直线上的点紧挨着彼此。如果我将算术化为几何，那么无数的点就会从数字之间的间隔处逸散。因此，认识论的问题是封闭这些间隔。微分、积分和无穷小都是封闭间隔的尝试，但它们并不是非常成功的尝试，因为它们同样生产着清晰而确切的概念，即同样存在间隔。长期以来，科学是能够战胜这个困难的，当科学去处理那些无生命的存在（如力学、天文学、无机化学、电磁学等）时，这个问题可以忽略不计。

然而，当科学关注那些有生命的存在物（如植物学和动物学）及其后诞生的人类（心理学、社会学、经济学等）时，这个问题就迫在眉睫了。显然，有生命的存在可以像所有其他东西一样被量化。但是，当这种量化完成时，一些根本性的东西逸散了。这也就是说，逸散之物真正使有生命的存在区分于无生命的存在。由此，19 世纪的科学察觉到自身处于一种难以克服的困境之中：如果继续量化，则必须屈服于生命现象的本质损失；如果阐述另一种知识理论，则必须承认量化式知识的不可能性。为了逃避这个困境，19 世纪的科学将自己分为"硬科学"（量化）和"软科学"（非量化）。直到今天，我们还在被这种优柔寡断的行为影响。

在技术领域中，工业革命证明了可量化的知识有用武之地。但是，工业革命也证明了这样的知识忽略了那些富有生机的存在物的现象。不可量化的知识在技术领域并不好用，甚至不起作用。所谓的"精神科学"证明了这一点。因此，在 20 世纪，我们试图将"硬科学"和"软科学"合并。例如，统计经济学、行为心理学和政治学都是这种合并的成果。

但是，这种杂糅性的学科并没有以其技术令人心悦诚服。医学的丑闻证明了这一点。显然，科学正在挑战知识的极限，而它不能继续朝这个方向推进。

作为主体，人类提出了现代科学范畴以外的问题，即两个主体的相逢标志着一个人与另一个人的互认。这种主体之间的对话关系还没有被纳入任何现代科学知识的理论。对于任何知识理论而言，如果它想成为现代意义上的科学理论，都要预先设定一个需要被认知的对象物（无论它如何划定这个对象的范围）。因此，现代科学不适用于主体间遭逢的问题。为了能够解答这种问题，科学不得不将"他者"转化为一个客体（物）。这种对主体的物化是可以做到的。实际上，其发生的频率越来越高。科学有几种物化的方法，如暴力、劝服和对主体的微妙操纵。一旦物化完成，科学就能解答主体间的遭逢问题，"社会科学"随之成为可能。然而，为扩展科学的能力，使其包罗人类与社会领域，我们付出了高昂的代价。为了得到知识，我们牺牲了对话，也牺牲了主体相互之间的承认。这导致了知识的孤立性，即科学知识成为一种既不承认、也无法被承认的知识。因此，如果知识没有在对话中被承认，如果它不是对话的结果，如果它不指向他人，那么知识就变得荒谬起来。当科学把人与社会都物化时，它产生的知识也就会变得荒谬。科学是一个整体，是人类的事业，而这种做法把科学问题化了。目前，人类在科学中被物化的倾向是一种自杀式的倾向。这种倾向把科学变成了非人道的装置。

因此，医学能生动地证明知识存在的这两个问题。它不仅证明了可量化式知识的局限性，也证明了物化式知识根本的荒谬性。医学的丑行几乎并不在于医院和精神病院的境况，甚至不在于社会医学那已然昭彰的不公正性（尤其是在第三世界国家的医疗问题上），而恰恰在于医学在认识论层面的黏性（viscosidade epistemologica）。然而，也正是因为在医学领域内，科学危机中的因素碰撞得更为剧烈，所以医学可能是试图克服这场危机的一个起点。在病人面前，医生的位置是站不住脚的，以至于他们不得不寻求另一个位置，寻求一种新的科学态度。医生认为自己有义务去改变态度，这不是出于对知识理论的考虑，而是基于从自身的实践中产生的问题，而实践反过来又是对身处于危机的知识理论的应用。现代科学的危机在医生身上表现为一种良心的冲突，也因此成为深植于内心的冲突。

土木工程师和外科医生一样了解当前的知识危机。他们知道计算桥的精度是一个问题，也知道这座桥影响着一些无法量化的东西，如审美效应。他甚至知道，这座桥将会改变人类的生活。但是，作为道路建设装置的功能执行者，他认为自己没有义务承担这些问题的责任——他的能力仅仅是造桥。外科医生则处于不同的位置，他要操控的骨架的精度与钢在桥上的精度相当，而操控的后果同样难以估量，操控也同样改变着人的生活。但是，医生不能像工程师一样逃避他的责任——不管他愿意与否，外科医生都得在病人身上承认自己。

政治学家和精神病学家同样了解当前的知识危机。政治学家了解自己所提出设想的不确切性，了解所使用模型的"软性"，也同样知道自己操纵和物化着社会。但是，作为行政装置的功能执行者，他并不认为自己有义务承担这些问题的责任——他的责任仅限于所负责项目的"误差范围"。精神病医生却处于一个不同的位置，他采用的模型所具有的不确切性和"软性"可与政治科学的模型媲美，但精神病学家要在被他施用模型的病人那里承认自己。因此，可以说土木工程师和政治学家都能意识到认识论的问题，而外科医生和精神病学家则在实践中体验这种问题。他们必须作出决定性的选择：要么放弃对人的物化，牺牲科学技术，要么放弃尝试去对他们的治疗承担存在层面的责任。然而，这是不可能的。

解决困局的办法在于改变人们对知识的态度。我们必须承认，知识是人类存在形式中的一种；知识是与他人不可分割的形式，人因变得不人道而承受痛苦的形式。人在这个世界上要去体验它、估量它、了解它，而且人也只能知道自己的经历和估量了什么。一门不承认这一点的科学、不承认其美学和政治层面的科学是不人道的科学。只有在科学承担了这些责任之后，它才能开始阐述有关知识的理论。于是，我们发现，确实存在这种重塑科学态度和新知识理论的征兆。尤其是现象学的态度，它不再假设知识必然是物化式的。只要科学革命还没有在整体上重塑现代科学，我们的健康将仍是营养不良的儿童和流产胎儿的健康。

8. 我们的传播

前一篇文章区分了两种知识，即物化的知识和主体间性的知识。第一种知识关于物，是讲述式的；第二种知识关于他人，是对话式的。在医学的案例中，医生在物化的关系结构中讲述疾病，在主体间性的关系结构中与病人进行对话。讲述与对话的区别首先在于氛围，即对话发生在对话者担负责任的语境中，而责任意味着对回答保持开放。当前，已经有一些征兆表明，人们正在把科学从讲述式重构为对话式。在医学方面，精神分析就是一个例子。为了理解这种重构科学所带来的影响，我们有必要审视人类交流的结构。

人有能力储存所获得的经验，并传递它们。这也就是说，人是一种历史性的存在。换句话说，人类生产、存储和传输新的信息，并且人能够增加可用信息的总和。这就是历史的含义。这个过程与热力学第二定律相悖。该定律证实，一个封闭系统（世界）内所有信息的总和是逐渐减少的。作为阻挡新信息流失的堤坝，历史是反自然定律的。这显然不能证明把自然与文化、精神和物质一分为二的做法是合理的。历史并不会使自然定律失效。这种定律对文化仍是有效的，因为在历史的过程中，人类积累的信息最终会被遗忘。写满符号的纸张会化为尘土，城市会倒塌，文明也会消失得不见踪迹。然而，这证明自然与文化之间的辩证区别是合理的。人类传播辩证地抵抗着熵的自然倾向。历史是一个负熵的周转圆，它叠加在自然的趋势之上，成为熵的对立面。

因此，传播有两个不同的方面，即信息的生产方面和累积方面。信息并非"生于虚无"（ex nihilo），新信息是通过综合已有的信息而产生的。这种综合的方法被称为"对话"。信息能够被积累，是因为信息传向记忆（人类记忆或其他类型的记忆），被存储在记忆之中。这种分散传导的方法被称为"讲述"。每一种讲述都以对话为前提，因为它们都依据对话中阐述的信息而确立；每一段对话也都以讲述为前提，因为它们都以接受信息（那些用来合成新信息的信息）为先决条件。因此，人类社会表现为一种进行传播的结构。其中，讲述和对话是动态整合起来的。这就是历史的动态变化。每当这两种交流方式中的一种压倒另一种时，社会就陷于危险；社会要在对话和讲述间保持持续性的动态平衡。

西方社会具有一种非常独特的传播结构，其独特性不仅体现在传播的话题，更重要的是传播这些话题的独特方法。总的来说，西方社会展示了两种对话类型和四种讲述类型。对话的类型包括圆形的（如圆桌会议、会议）和网状的（如电话系统、公众意见）。讲述的类型包括剧场型（如讲座、音乐会）、金字塔型（如军队、教堂）、树状（如科学、艺术）和圆形剧场型（如广播、出版社）。我们可以把西方历史视为一种运用策略等传播方法的传播游戏，所有策略的目的都是产生和积累新的信息。

在当前西方社会中，讲述的地位高于对话，有关"缺乏沟通"的普遍抱怨已日趋严重。这种抱怨根源于大众群体内部弥漫的孤独，但大众的孤独并非由传播结构的贫乏导致。相反,西方的讲述从来没有像现在这样卓有成效。最重要的是,科学信息的树状传播和大众媒介的圆形剧场型传播结构从来没有像现在这样立竿见影。大众之所以孤独,是因为我们越来越难以与他人对话、交流。在被精心布置的讲述式传播的轰炸下,我们都处理着相同的信息,每一次对话式的信息交换都变得多余。我们孤独,是因为我们越来越无法在与他人的对话中生产新的信息。在讲述式传播的主导下,西方的社会结构会进行自我分解。这些现实敦促我们对讲述式的传播加以分析。

剧场型讲述模式是最为古老和悠久的讲述模式。它是把部落神话传递给新一代人的来自父辈的讲述,是把传说故事传递给孙辈们的祖母的讲述。这种讲述的特点在于,讯息的接收者直接面对发送者,他们在发送者周围围成一个半圆。他们可以通过提问来挑战讲述者,而讲述者也有责任回答。戏剧就是一种向对话敞开大门的讲述。在剧场的表演中,来自讯息接收者的挑战把讲述变成对话,变成一种"革命"——篝火或壁炉周围可能就是发生"革命"的地方。

从新石器时代晚期开始,这种讲述暴露了它的缺点。当开展修挖水渠与创建城市等集体性任务时,传播以建立服从而不是接受挑战为目的。群体必须能够听到讯息,但又不能挑战讯息。为了实现这种讲述的方法,讯息的发送者不对接收者开放。这就形成了我们接下来要介绍的金字塔型讲述方法。它是西方历史中讯息传播的基础模式,包含一种在讯息接收者和发送者之间、按等次组织起来的转述者。教会里的传播就是这种讲述。在教会中,讯息从一个高不可攀的"创始者"(上帝)开始,通过"当权者"传播出去。当权者即转述者,其功能是让讯息在众声喧哗中保持纯粹,阻挡接收者的声音进入发送者的领域。那种在剧场式传播中泛在的责任氛围,被传统和宗教信仰的氛围取代。

在传统(tradition)文化的传播中，转述者转述讯息(tra-dict)①，"宗教"则用另一种方式连接讯息的接收者和创始者。以这样的方式，在当前的教会、国家、军队、政党和公司等地方，我们依然能看到自新石器时代晚期延续至今的金字塔型讲述的传播氛围。

这种传播策略的缺点在于，它使对话变得艰难。这种策略有利于信息的存储，但不利于新信息的阐述——社会结构的演进因此停滞。所以，在文艺复兴时期，金字塔型传播遭遇改革。改革的目的是既保持该类型传播的效率，也能够开放对话。于是，转述者被转化为对话圈，但仍保留其组织作为一个层次的结构。由此，树状的讲述类型诞生了。这就是现代性特色的讲述。对话圈替代了"当权者"，这种替代把金字塔型讲述细分为各种分支(专业)。这些分支又衍生出次分支和纵横交错的分支。这种重构显示出其巨大的可能性，因为讲述的每一个分支都开始逐渐产生更多新信息。在树状讲述的作用下，新信息如瀑布般注入社会。然而，这种讲述也导致了一个人们始料未及的后果，即每个对话圈都阐述了一种特定符码，人们在这种符码中合成新信息，而只有"专家"(该分支的参与者)才能解读以这种方式编辑出来的信息。因此，对于整个社会来说，树状讲述结构中的信息往往是无法理解的，成为被"再教会化"和"再当权者化"的讲述。"外行"不再能理解来自不同的"树"的讯息——既不能理解来自核物理学或微生物学的讯息，也不能理解来自先进技术或前卫艺术的讯息。因此，从20世纪开始，人们不再普遍接受树状的讲述，这种讲述也变成一种荒诞的传播模式。

这个问题的解决方案是将树状讲述结构中的讯息转换为社会普遍

① 此处的观点可以从词源学的角度理解，词缀"tra-"表示越过、穿过，拉丁语中的"dictio"则带有"表达"的意思。——译者注

破译的符码,即建立转码装置。于是,形似古希腊圆形剧场的讲述结构应运而生。这就是当前时代的传播特征。大众传播装置是一个暗箱,可以将科学、技术、艺术、政治科学等"树"上的讯息转换成极其简单和扁平的符码。由此,讯息被转码,然后被投射到一个空间。任何游荡在这个空间的人(如果他们恰好与这些讯息同步),就会被调整和编排去接收这些信息。"大众文化"是这种讲述式传播的结果。讯息的转码与投射导致了原始传播结构的变换,即树状传播依线性结构运作,而媒体则多维运作。如果我们承认线性结构是历史的结构,那么媒体的运作则是后历史的传播。它们是输入历史,输出后历史的暗箱。它们被编排去把历史转换为后历史,把事件转换为程序。

在当前的情况下,四种讲述类型共存。但是,剧场型的讲述(学校、剧院的讲述等)与金字塔型的讲述(州、党派等)陷入了危机。它们是传播领域中不合时宜的模式,很难融入主流传播结构。这个问题最显著的例子是家庭内的传播,即一种金字塔型的和剧场型的传播。树状传播继续分叉,并与把讯息转码的圆形剧场型讲述相结合。因此,大众媒体正成为现有信息的优先来源,它们编排着我们的世界。我们生活在后历史的气候之中。

剧场型讲述编排出环形对话。金字塔型的讲述试图摈除任何类型的对话。树状讲述为专家们编排了环形对话模式。圆形剧场型讲述则编排出网状对话模式。剧场型讲述要求人们用讯息进行对话,以此生产新的信息。金字塔型讲述禁止对话;树状讲述需要人们在具有特定的、精英主义的能力后,才能参与新信息的生产;圆形剧场型讲述则要求将投射的讯息在对话中转换成无组织结构的、像汤羹一样的东西,即转换成"公众舆论",以此作为对讯息发送装置的反馈。网状对话的目的不是生产新信息,而是生产反馈。装置向我们阐释了反馈生产的具体方法(如公众普查、营销、民意研究、公众选举等)，以此来接收反馈。在对话的意义上，"民主"(生产那些非精英独有的信息的对话)只可能在剧场型讲述中存在。反观当前的民主境况，这是不可能实现的。这也导致了大众的孤独。民主没有被编写在程序之中。

　　因此，以对话的方式重构科学，意味着重构社会的传播结构，使其民主化。但正因如此，这种认识论层面的任务也是一项政治任务。这意味着让科学在政治层面上负起责任，把"只有当知识成为共和行动的起点时，知识才有意义"这种意识转化为方法。然而，实现这种重构需要一种共和体制，共和国是环形对话的公共空间。目前还不存在这样的空间。我们的每个空间都被圆形剧场型的讯息投射和网状对话占据。从内部来看，科学危机表现为一种认识论危机，但从社会的角度来看，这是一种结构性危机，因为没有空间就不可能在对话中生产知识。在结构上，科学在讲述和对话层面上的精英主义特征归咎于它与大众传播渠道的耦合。为了生成一种新的主体间性的知识理论，我们有必要为主体间性的知识腾出一个空间。因此，我们必须以当前的传播形势为背景，来看待眼下的科学危机。只要没有为政治的和非精英的群体准备一个环形的对话空间，科学的危机就是无解的。

9. 我们的节奏

　　那些编排着我们的装置是同步作业的。例如，交通的装置与工业的装置是同步的，管理的装置和娱乐的装置是同步的。这些同步性显示了我们生活的节奏。这篇文章要通过一个重要的例子，来思考节奏的功能性。

　　在古典城市中，大会堂（basilica）扮演着决定性角色。在当前的时代，尽管大会堂已经从根本上被转码，但还是以另一种形式被组装起来，继续发挥作用。大会堂是穹顶笼罩的空旷空间，罗马万神殿的历史体现了它的用途及变化。一开始，它是一个集市，即专门用于交换物品或观点的公共空间，也就是一个对话的空间；后来，它变成一座庙宇，即专门用于凝思、升华不朽思想的空间，也就是一种理论的空间；再后来，它变成教堂，即专门用于基督教意义上的深思的空间。因此，大会堂有两个连续的功能，即政治的功能与理论的功能。在目前，尽管大会堂那覆盖穹顶的空间结构被保留下来，但它的两个功能都被再次编码。它演变成冒充政治性空间的超市和冒充理论性空间的电影院，而超市与电影院正同步运作。

　　超市是一个迷宫，由那些被讯息编码出的形象（如彩色果酱、瓶子、标签、海报)和声音(由扬声器投射出来)构成。迷宫吞噬整个讯息的接收器。它有一个宽大且敞开的入口，给人一种仿若进入公共空间、进入"城邦"里"集市"的错觉。超市也仿佛是一个交流、对话和进行价值评估的地方。但是，在现实中，丰富多彩的视听觉讯息持续地轰鸣，它们淌入空间的每个角落，对话也因此变得不可能。所以说，超市是一个具有欺骗性的"冒牌共和国"。

最重要的是，超市是欺骗性的，它是一个陷阱。它没有自由的出口，任何想要逃离超市的人都必须在作为出口的"隘口"前排队并支付"赎金"。超市是一个监狱，是最幽闭的空间。它不用于对话性的讯息交换，而是向讯息的接收者讲述式地、强制性地施加特定的消费行为。它用的方法是诱惑，这是一种让装置物化人的方法。超市是一种"冒牌共和国"装置，它以这种假冒的手段引诱其讯息的接收者，使他们可以被操纵，成为进行消费行为的物。

超市的对面就是电影院。它的入口同样为"隘口"，迫使那些希望参与其神秘活动的人去排队。这个队列与超市的队列相对。电影讯息的接收者在入口处付费与他在超市出口付费的行为正好相反。但至少，电影院在影片一结束就敞开大门。这种出口的门对应着超市入口的门。在新的程序中，被编排的人群从出口零落地"流"出来，把自身碾碎为单独的粒子(大众中的个体)，并在超市出口处以排队的形式重新结晶。在超市和电影院的队列之间，还有一些其他的队列，如公共汽车和城市火车。它们形塑大众，传递讯息。正是在这些同步的队列中，我们的生命才开始脉动。

电影院是一个没有窗户的长方形会堂、是一个洞穴。它是昏暗的子宫，一个产生并吞噬着的伟大母亲。电影院里，浮影幢幢。柏拉图的洞穴隐喻描述了这种景象。因此，我们可以把柏拉图视为第一个影评人。在阴影跃于银幕之前，影院的黑暗和幽寂占据上风。因此，影院引导人们产生一种错觉，即认为影院是一种致力于"理论"的沉思空间。它让人们觉得，电影院的传播是剧场型传播。但是，这是一个骗局。电影院里并没有剧场型的传播结构，因为那里没有让讯息发送者直面接收者的舞台。在电影院里，发送者实际上是缺席的，却有一个投射那些来自发送者的讯息的装置。实际上，电影是一种具有圆形剧场型结构的传播装置中的讯息发送器，即电影工业。它是讲述式传播的一种天线，其中心位置在接收者的视野之外。

人们之所以会误认为电影院的讯息传播是剧场型的，是因为被它入口的特征误导了。那里传出光与声的讯息，引诱易于上当的人们去思考这个程序。然而，那闪烁着的光的讯息正是电影的特征。它们与未来的观众共谋。当观众进入洞穴时，他们发现自己在一个几何排布（椅子，"广延之物"，形成行）的空间里，按照数字顺序（椅子有编号）被安排好。但是，当观众各就各位，电影院里体现的并不是一个思考之物对广延之物的笛卡尔式的调整。因为这时，坐着的观众成了广延之物，他们允许屏幕上巨大的阴影和声音振动去填补空间与操纵他们。电影院制造了从思考之物化为广延之物的奇迹。从这个意义上说，它实际上仍然是一个教堂。

在信徒的头顶和背后，电影放映机正在运作。电影放映机是一种装置，它将排列在幻灯片上的图像投射到屏幕上，让人产生影像中事物在运动的错觉。讯息的接收者能意识到，他们是被光欺骗的受害者，因为他们或多或少地知道装置的功能。他们家里有放映机微缩模型。尽管如此，他们把头转向投影仪的时候，并不是为了把自己从错觉中解救出来，而是因为装置故障，阴影不再平稳移动而是开始跳转，他们为此而愤怒——他们会因错觉被揭穿而生气。

这种与柏拉图隐喻中囚犯的行为截然相反的行为，实在令人惊讶。被操纵的人如何与物化它们的装置形成默契呢？他们怎样才能如此配合地把作为主体的自我毁灭殆尽呢？无论怎样去掩盖这个问题的残酷性，在奥斯威辛集中营里发生的事都与此如出一辙。然而，在影院里（当然也是在集中营里），合理的回答都不会简短。观众知道投影装置并不是欺骗性讯息的发出者，它只是链条中的最后一环，而链条的始端才是不可抵达的发送者。因此，人们反抗和摧毁放映机、烧掉放映机里逐帧排布的胶片，这些行为都是不合理的，因为胶片只是那个不可触及的原版的副本。无论有多少观众，都无法消除影院传播中那具有欺诈性的讯息。如果整个电影院被摧毁，这些信息将继续在几家相同类型的电影院中传播。圆形剧场型的传播装置不会被毁，而电影院正是这种装置的天线。由此，观众们知道，电影院是一种排斥一切革命性举动与行为的空间。

然而，对于这种令人讶异的行为，这种看似合理的解释实际上并不是完全正确的。观众不是因为不能反抗而选择不反抗。事实是，他们是因为不想反抗而不反抗，这种行为证明其自身希望被欺骗。于是，这种想要被欺骗的愿望成为大众社会的共识。如果不存在这种共识，我们就无法理解已蓄势待发的装置极权主义。这意味着，每一个人或集体为解放社会、为使自己摆脱那编排着他们的装置所施加的欺骗的努力，每一次为那个被装置编码的世界去魅的努力，都要面对这样的共识。但矛盾的是，每一次试图推动社会民主化的努力都是非常反民主的，因为这种努力违背了绝大多数人的意志。

我们有必要仔细考虑这个共识。被欺骗的意愿、成为欺骗性讯息受害者的意愿，是一种与宗教信仰完全相反的意愿。相对于银幕上跃动的光影，电影院的观众所在的位置与马来西亚式影戏院里观众所处的位置截然相反。电影观众非常清楚光影是虚幻的,但尽管如此,他们依然信任这种错觉,信任这种"恶意"的光影。对他们来说,电影是一种在深思熟虑后被制造出来的次级魔法,是一种人造魔法。电影投射的神话是程序经过深思熟虑而编排出的神话,人们也在神话式的深思熟虑中接受它。因此,说电影是一种异化的工具是不正确的。正如我们所有的媒体一样,电影基于讯息发送者与接收者之间有意识的共谋而生产神话。在这种情况下,没有什么可去神话化的。

超市和电影院形成扇子般的两翼,共同煽动大众向前运作。在影院里,大众行为的程序化为超市的消费行为做准备;当大众从超市里被释放出来后,又重新在电影院里进行自我编排。超市和电影院间的这种循环是大众新陈代谢的一个方面。在整体上,这个过程过于复杂,无法解释,除非从控制论的意义上解释。大众文化只能通过它的"输入"和"输出"、通过输入其中的程序及由此产生的行为来解释。电影的程序是"总是新的旧故事",它们总是围绕相同主题的重复性变体。因为它们都是对历史展开的后历史视角下的反思,并以历史作为掩饰——它们摆布着历史性的元素,它们是游戏。电影游戏历史的成果在那个试图编排大众的电影装置的暗箱里上演,超市则是这些程序编排转化为人们行为的地方。这意味着,大众社会的节奏是反尼采式思想意义上的"作为权力意志的同一性的永恒轮回"。

这些程序的编辑者,即电影生产者和超市建设者,都是游戏者。从制造者的立场上看,他们用胶水与黏合剂从外部干扰历史事件。他们超越了历史,游戏着历史。他们在一种跨历史的维度中生活。历史对于他们来说是一个对象。但与此同时,他们也是自己所编辑的程序的一项功能——他们被程序编排着来编辑程序。这个观点在他们的行为中能得到清楚体现。他们自己也在电影院和超市之间徘徊。在大众社会中，没有精英，只有专业人士。我们都是游戏中的碎片，在游戏中有节奏地摆荡着。

超市和电影院只是那些吹拂着我们、在我们头顶旋转的诸多风车中的两片扇叶。它们的旋转越来越自主化，把我们都磨成无形式的齑粉。然而，一切反抗风车的企图都是堂吉诃德式的。在这种情况下，唯一的希望是意识到推动我们进行自动旋转的荒诞性，意识到在旋转的背后，什么也没有。这种荒谬的旋转才是装置的现实。有了这样的意识，至少，我们可以从通往虚无的功能主义中走出来。

10. 我们的住所

　　我们居住的方式正发生着深刻变化。能与这种变化比肩的，只有新石器时代初期，当我们变成久坐之人时居住方式所发生的变化。我们正在放弃久坐不动的生活方式。作为个人与团体，我们都在行动中。从远处看当前的人群，观察者犹如看到被超凡者踏出的脚扰乱的蚁丘。

　　这种变化并不意味着回归游牧主义。吉卜赛人并非处于行进之中，因为他们扎根于自己的部落。居住并不意味着睡在固定的床上，而是意味着生活在习惯的环境中。家所指的并非固定之所，而是可以安心依靠之地。失去家园并不意味着离弃某地，而意味着被迫生活在一个非习惯性（inabitual）的地方。因此，我们把这种地方称为"不宜居"（inabitável）的地方。或者说，失去家园意味着被迫生活在无法承认自己的地方。我们在行进之中，因为我们的世界已经从根本上转变，变成我们不习惯、也不宜居的地方。我们无法在其中认出自己，也无法令自己习惯这个世界。

　　习惯是难以察觉的。习惯是一种不透明的覆盖物，它覆盖着环境。在我们的家庭景观中，我们只感知事件，而不是感知最基本的结构。如果我们发现，当前家的基本结构是一种让我们在其环境中倍感震惊的结构，那是因为世界已经发生了结构层面的转变。装置把世界重新编码，使我们对世界感到陌生。我们根系生长的地层遭遇了构造震颤，于是，我们被连根拔起。这个过程使我们占据着一种相对于世界的远距离、评判式的位置。我们发现，世界已变得陌生、不再值得信任。然而，作为世界的陌生人，我们也会批评它。但是，正如康德曾说的那样，人不能栖居在怀疑之中。我们批评，是因为我们渴望。由于我们根本上的异化，我们成为反动者、反改革主义者——我们不再栖居于某处。

装置对世界的转码已催发人的移动，我们都在移动之中。不仅是伦敦的印度教徒失去了家园，伦敦人也失去了他们的家园；不仅是来自巴西东北部的人在圣保罗失去了家园，圣保罗人也失去了他们的家园。这是因为，伦敦和圣保罗已经变得不为人所习惯，变得不宜居住。当前的人口迁移打乱了历史和地理的格局。印度教徒观念中的神秘时间和巴西东北部人观念中的魔幻时间，已同步于伦敦人与圣保罗人的历史性的时间。我们正在一种破碎时空的四维性中体验圣保罗和伦敦。对我们来说，历史性的分类还不足以用来理解这一点。这种情况使城市变得不再为人习惯、宜人居住，我们也不再于其中认识我们历史的产物、承认我们自己。

这种迁移是由外来者们一波接着一波、由远至近的入侵构成的。但这一次，外来者并非来自草原。他们在那些营养不良的年轻女性的子宫中生长，而这些女性正是未来的母亲。如果我们端详这些年轻的有色人种妇女那饱经风霜的脸庞，我们就会认识到，她们承受着三重意义上的强奸：被自己的男人、我们参与其中的社会和装置。我们在她们的脸上辨认我们的过去，即我们的罪行。未来的面孔上有过去的痕迹。这就是为什么我们这些所谓的"资产阶级"还在行动的真正原因。我们正在逃离我们的过去，我们的过去追逐着我们。从有色人种的子宫里涌出的、腹部胀起的婴儿构成的婴儿潮驱使着我们挪步。

这种情况非同寻常，即我们的未来正在我们身后。如今的"进步"并不意味着追逐未来，而是避开过去。在装置式的进步中，进步不再是为未来开辟新的领域，而是"解决"过去以饥饿婴儿为形式的问题。我们的进步是一种避免被过去吞噬方法，过去追逐着我们。这是非同寻常的情形，即这种进步已经成为一种应付的形式。我们是反动者，恰恰因为我们是进步者。

然而，人的这种迁移之所以如此令人忧心，并非因为这一点。更令人担忧的事实是，"人类"，即那些饥饿的婴儿，正朝着我们逃跑的方向前进。未来的人类试图跟上并超越我们。每个人、每个逃亡者和追逐者都被吸进同一个装置程序的深渊。整个人类，"旧的"和"新的"人类，都正在根据同一个程序"发展"。

在这种普遍的发展过程中，有必要区分三种类型层次的运动，即短期运动、中期运动和长期运动。我们以海水的运动为模型：短期运动如波浪拍打海滩，中期运动如浪潮般涌动，长期运动则如海水影响大陆海岸那样带来深刻的变化。如果要掌握目前人类迁移的动力，我们就必须根据这些层次来区分迁移行为，而这种区分可能使迁移显现出更具悲剧性的方面。

在第一世界，短期运动表现为高速公路上的交通堵塞。人们在12月追逐飞雪，在7月寻找阳光，人人出动，遂引发堵车。在第三世界，短期运动表现为随某种作物的丰收而超载的卡车。在第一世界，中期运动表现为社会流动性（无产阶级的崛起和资产阶级的颓废）。在第三世界，它表现为城市的巨幅膨胀。放眼整个世界，长期运动都表现为热带地区人口向温带地区不可阻挡的迁徙，就像在所谓"发达"世界中那样不可阻挡地从"南方"向"北方"迁移。长期运动还表现为"史前"社会对历史性、装置式社会的入侵。这个过程试图"征服历史"，但实际上使社会进入了后历史时期。

在城市规划的案例里，我们能够发觉混淆这些运动层次的危险。当前，城市规划者正试图引导中期运动。法国"新城"试图为非洲移民建造"家园"，而"拆除贫民窟"活动则想把来自巴西东北部的人吸收进西南部城市。他们的项目规划了 20 年，也就是说"家园"要持续这么长的时间。但是，当城市规划者这样做的时候，人的迁移又溢出中期运动。人们正在考虑长期运动，而这次运动的时间长度并非如规划者所想。饥饿的婴儿不会在城市规划的房子里待这么长的时间，他们的耐心没有那么多。他们把这些城市项目规划的"家园"用作临时居所，在规划的时间点到来之前，他们要从被拆除的贫民窟搬到巴西利亚，从"新城"搬到历史悠久的城市中心。未来紧跟在我们的后面，将在项目中预测的时间之前追上我们。我们只是短视的程序编辑者，根本不理解人迁移的本质。

这种短视是可以理解的。在格勒诺布尔，饥饿婴儿的涌现等现象并不是什么新鲜事。因此，从目前的情况来看，似乎可以在中期运动中疏导移民，如第二次世界大战后巴伐利亚的苏台德人，阿尔及利亚战争后马赛的黑脚人（Pied Noirs）及当前在佛罗里达的柬埔寨人和古巴人。但是，格勒诺布尔的婴儿则是另一种现象。他们不是难民，而是入侵者。印度人正在入侵伦敦、土耳其人入侵汉堡、巴西东北地区的人入侵圣保罗，阿尔及利亚人入侵格勒诺布尔。我们的程序编排者并没有意识到这一点，因为婴儿的行为不像入侵者。印度人到达伦敦时，并不像伦敦人登陆印度时那样作为——他们占据的不是宫殿，而是贫民窟。这是因为入侵者并不是赢家。在目前的人口迁移中，所谓的赢家并不存在，因为迁徙者都是败者，它们都"在发展中"。入侵者的发展比我们更快，他们你追我赶地奔赴前方。他们将超过我们，以便被更快地打败、更好地编排。这是人类迁移的长期趋势。

第一世界被第三世界侵袭，这个事件在很多方面都非同寻常。例如，入侵者都是婴儿。这就是为什么我们没有模型可以用来解释这个事件。它没有制定短视而伪善的策略来应对这些现象（如提供"发展性援助"），而是敦促我们制定用于理解这种事件的模型。奇怪的是，这样的模型可以在意想不到的地方起作用。美学提供了把握特殊与不寻常现象的模型，可以将它们用于对人类迁移现象的理解。

我们把惯常之事视为反复经历的事，把惯常体验为美好。这是爱国主义的基础。家园比其他任何倏然逝去的风景都要美丽，而爱国主义是世俗的。在我们的认识和体验中，非同寻常的事物是可怕的、丑陋的，所以格勒诺布尔饥饿的婴儿是丑陋的。在惯常和非惯常之间，美丽和丑陋之间，有一种可以通过跨越来克服的张力。这种跨越被我们体验为美，而美是克服恐怖的体验。艺术史的发展是周期性的：美的—丑的—令人欣赏的—美的，因为当美被习惯时，它才是美的。

从丑陋到令人欣赏要跨越一个艰难的过程。立体派实现了从非洲题材中的丑陋到左岸派的艺术美的飞跃，他们讯息的接受者也学会了这种艰难的跨越。当前，每个来自体面家庭的年轻女性都像立体派的画家那样画画。吃比萨的人知道吃猴手是很丑陋的行为，但如若他们努力学习，猴手也能成为一道佳肴。当前，超市出售猴手肉脯。可见，从恐怖到美的转换需要人为的努力，从美到粗俗的转变则是自发的。

我们可以用这种美学的模型思考当前的人类迁移，即我们应该学会在恐怖事件中发现美，即在饥饿的婴儿和受苦的有色人种的年轻女性身上发现美。用古老的说法表达，就是我们应该学会爱他们。"爱"是对他者的承认，我们应该学会在正追逐着我们的未来（也是我们的过去)中承认自己。换句话说，我们应该学会热爱那个不再属于我们的未来。我们要充分认识到，这个未来所规划的程序将吞噬我们。

然而，认识这一点并不是一种超人类范畴的任务（如"基督教"）。我们在任何地方都能完成这种认识。在暮年时期，每个人都生活在一个不惯常且不宜居的环境中，即在孙辈的世界里。我们应该爱未来，爱那些饥饿的婴儿如爱我们的孙辈。歌德将其称为最凶猛的野兽。换句话说，我们应该承认我们的世界正在消亡，而我们仍应爱它。我们不应该寄望于用爱世界的约定替换充满敌意的未来，因为爱世界必须是一种纯洁的约定。如果我们理解这样高雅的艺术，即"死亡艺术"，那么当前时代的恐怖将变成一种"冒险"，一种美的体验。奇怪的是，我们可以这样再次活下去，因为对死亡的开放才是人真正的栖身之处——人是为死亡而存在的人。在目前人类迁移的过程中，我们有幸能以个人甚至是集体的身份体验对死亡的开放。同时，我们也正在体验对文化之死的开放。

11. 我们的收缩

19世纪和20世纪上半叶是巨型主义时期。在这一时期,机器、城市、帝国、利润、体育纪录、发现、期望等都追求宏大。一切都在增长和膨胀,达到巨大的程度。当前,这种趋势仍然存在,尤其是在第三世界国家中。但是,自第二次世界大战以来,与之相反的趋势也显现了出来,追求精密、细小与微观,诸如"小处着眼""小即是美""少即是多"这样的标语诞生,开始与宏大话语形成竞争。这种现象首先发生在第一世界国家中。一场"另类"的反改革行动正在进行,它走在与工业和技术革命相反的方向上。因此,目前我们也能够发现,衰老具有两个主要症状,即我们同时在膨胀和收缩。

收缩始于物理学领域,牛顿式永恒无垠的宇宙模型被由多重褶皱组成的有限宇宙模型取代。科学研究开始关注最微小的粒子,"原子"一词具有了主导性和威胁性的意义。由此,精微之物显示出的魅力显然丝毫不亚于庞然大物的魅力。这种认知也扩展到其他的地方。在政治领域中,人们真正意识到,要改变社会结构,不一定从国家、阶级和政党等宏大层面着手,因为更能发挥决定性力量的做法是改变社会中较小的组织成分,如家庭、婚姻、性关系、工作单位及小型行动组织(恐怖分子和其他组织）——它们开始成为社会的焦点。在经济领域，在庞大的跨国公司与国际集团的附近，出现了"自助""生态性"合作集团和集体农场这样的小微组织。在艺术领域，人们对"微型艺术"的偏爱、对"瞬息之事"的追问和对十二音作曲法的实践，挑战着大众娱乐装置中的盛大表演。在宗教领域，那些小而精壮的教派反对既有宗教的庞大装置。所有这些对极微之物的偏好都旨在提出可以替代那些装置的狂热方案。如果我们在技术视域内考虑这种趋势，就可以评估其价值，因为在技术领域中，微型产品能被更好、更具体地理解。

智能工具是一种配备微型内存并可以自动执行特定任务的微程序工具，它们可以做饭、割草、写信和组装汽车。从任何意义上来看，它们都是机器人，并不是拟人化的（这与之前所有科幻小说中预测的正好相反），因为这些微型物远非反装置的（其本身就是装置），它们在庞大装置的功能系统中运作。因此，微缩技术的捍卫者们意在消除异化的说法，这似乎是值得怀疑的。

这些装置正迅速变得体型更小、价格更低、数量更多也更加智能。它们从工业领域流向公共与私人管理领域，然后流入客厅和厨房。无论被安装在哪里，它们都会把环境变成一个装置。那些裁剪衣服的机器人把裁缝店变成装置，文字处理器把办公室变成装置，智能厨房把家变成一个化学实验室，微型屏幕把西装的口袋也变成了复杂的装置。如果我们能够想象一个车库，它就像停驻其中的汽车那样完整地装备有各式各样的智能装置，那我们就能想象后工业社会，即一个全面配备了装置的社会。

微芯片是微缩技术的发展导向，它们是一些硅制的"小片"，可以在一个极小空间内存储大量的信息。这场工业领域的反改革运动会像工业革命一样改变人类。从人类学层面上讲，这呈现出与反改革运动相关的模型的迁移。在工业革命之前，模型在工匠的脑海里。在革命之后，模型被储存在工具中。由于这场反改革运动，模型又被存储在智能工具的程序中。因此，智能工具为个体生产者提供了模型，他们由此能在家生产消费品。

模型的迁移也为人类生活带来根本性的改变。在前工业化社会，模型是理想的典型。鞋匠脑海里有理想的鞋的形象，于是他努力迫使皮革契合这个形象，他的目标是生产理想的鞋子。这就是古代和中世纪的哲学与宗教的特征。从柏拉图到托马斯·阿奎那的模型都被视作不可改变的完美典型，这种模型向着理论性的凝视与信仰来"揭示"自己。在工业社会中，模型是可改变的形式，如工程师和设计师会逐步改进工业制鞋的工具。这显示了现代哲学的特点。从康德到马克思与尼采，哲学的核心问题是模型的可操作性。"去知晓"意味着使模型适应已知的现象。理论性科学阐述了更加适应现象的模型。现代政治的核心问题是："谁应该拥有制定模型并将模型应用于文化产品的生产资料？"

"芯片"的反改革行径把模型转化为信息，智能工具将模型作为编程信息而加以包容。于是，现代哲学、科学和政治的问题被逐渐超越，因为人们的兴趣转向了逻辑性和结构性的问题。哲学不再是"批判性的"，而是"分析性的"。在科学中，模型成了可计算的考量（cálculos computáveis）。政治不再是对文化和权力的批判，而是成为对社会程序功能分析的案例。

在艺术领域，这种由模型迁移而引发的根本性的变化更加显著。在现代艺术中，这体现在新模型的制作上。人们追求艺术的原创性，每一种新模型都被视为改进，即所谓的"前卫艺术"。目前，人们寻求的是信息的最大化，这个目标需要在"噪声"与"冗余"之间的平衡来达到。

人们把艺术活动视为蕴含丰富信息且具有模型构造力的活动。总之，芯片的反改革性逐渐废止了现代生活，创造了目前人们难以想象的新生活类型。

在智能工具的程序中，模型既不是不容改变的理想化典型，也不是可改进的形式——它们只是微小的"印记"。模型不再来自某种超越性的力量（来自思想领域或来自上帝），也并非天才人类（技术专家、科学家、政治家、哲学家或艺术家）的创新。它们是"比特"的精微集合。程序编排者、系统分析员及其他与之类似的功能执行者们制作了它们。这些模型唤起的既非神的形象，也非马赛克拼接出的幻景，它们召唤出的是表意符号。这种模型具有一种朴素的东方世界的特征。

芯片的反改革性在日本推进得最快，而中国则是生产和消费小微之物的最适合的社会。看看东方的"赤脚医生"、后院高挺的锅炉与便携式小厨炉，看看低矮的树木和矮脚小公鸡，我们就能明白这个观点。芯片的反改革性具有儒家思想的特征，通过其表意程序，它旨在将社会转变为一个由"围棋"（GO）策略编程的马赛克。它试图把人转变成一名得力的功能执行者，把社会转变成一个行政化的社会，变成一种内务员的组织。

微型化技术、替代性技术的捍卫者认为，他们正在与装置那种异化人类的狂妄作斗争，认为他们正回归人类的维度。对于他们而言，小型行动组织、小微企业、个人风力机、生态小菜园、合作社家庭，这些东西似乎回到了更适宜人类的规模比例。但是，他们错了，因为微小之物甚至比庞然大物更不人道。硕大之物可能至少会被"崇拜"，而微小之物只会从人们的视野中消失，因为它们"毫无价值"。小人物和自我管理甚至比巨头和跨国公司更不人道，因为在微型化的过程中，人作为"万物之尺度"的意义彻底停止，转而变成一个粒子、信息数据、比特或毫无价值的实体。

如果我们仔细观察那些迷你程序，就会发现"常人"（uomo qualunque）的价值是多么的匮乏。这些程序适用于每个人（jedermann），而不适用于人类。作为理想的典型，模型是超人类的。理想的鞋子是必然被造出来的——鞋匠必须制作这种鞋，人则必须穿上它们。这个模型是一种标准，能够规范人。那些不服从规范的人是"英雄"，但他们缺乏"美德"。在这种情况下，人并不是微不足道的，因为模型把他们放在眼前牢牢地盯着。

作为规范形式，模型是试图忤逆他人特性的人类产品。工业制鞋是为那种便于依此生产出模型的脚而设计的，人们所有的脚（即使是长茧的或扁平的脚）都不得不适应这种鞋子。这就是为什么鞋会不舒服，因为文化被体验为一种忤逆，一种神经症。但是，工业的进程也会改进鞋子。工业的庞大体系并非超人，它寻求的不是"无界的幸福"，而是有度的幸福，即"手握数十亿财富的幸福"。在这种情况下，人不是毫无价值的，而是成为等待被模型塑造的原材料。

作为信息，迷你模型极富灵活性。智能工具使它生产的鞋子能适应任何脚，因为它程序中的点状结构能像网一样裹住脚。每只鞋都像手套包裹着手那样包裹着脚，但这并不意味着人的脚是模型的标准。相反，鞋子可以适应任何脚，无论是人的、动物的，还是装置的。一切都落入模型之网而无法逃脱。它的小网格（比特）把一切握于股掌，每个模型都是"好的模型"，因为它并不寻求适应现象，而是试图抓住它。因此，模型的灵活性使它们不再被视作忤逆人类的力量，即鞋子不再忤逆人。后工业的人类就像格列佛那样被小人国的网捕获。然而，因为网具有弹性，人类并没有意识到这一点。人们感觉自己"摆脱"了工业模型的忤逆。在这种情况下，人实际上是毫无价值的，因为我们甚至都不想解放自己，认为做个奴隶的感觉很好。

　　作为理想典型的模型即价值，当工业革命将理想化的模型转变为类型时，就会引发价值的危机。芯片的反改革性克服了价值的危机，一旦它将类型化的模型转化为信息，就会使价值变得难以被察觉。于是，价值从人类的视野中消失了，所剩之物不再是强制性的功能。微程序消除了价值，进而解除了模型的神话。因此，模型的收缩是非人道的，因为它使生命贬值。微小化技术环境中的生活是荒诞的生活。

12. 我们的着装

　　"模型"（modelo）、"现代"（moderno）和"时尚"（moda）来自同一个词根，即"med-"，意为测量。但是，这个最初的含义已被人们遗忘。比如，我们不再记得作为被不断改进和塑造的模型，现代性（modernidade）意味着"不可测量"，而"测量"与"评价"的意思相似——测量的尺度发挥着评价的作用。在上面列举的术语中，评价的含义被遗忘了。这样说的证据在于，当我们听到"moda"这个词时，我们想到的是服装。

　　例如，女性时尚的问题并非与价值相关的问题。就汽车模型而言，我们可能会说，20世纪80年代的模型比70年代的模型更好，或者说爱因斯坦的物理模型比牛顿的"更好"。但是，没有人会同意说，目前裤子的模型（甚至是那些没有口袋的裤子）比之前的"更好"。相比于在汽车、科学或经济领域，时尚领域的进步"不受价值的影响"。这显然已显露出荒诞之处。

　　然而，人们可能反对说，时尚的价值不像科学、道德或汽车模型那样，其价值并非在认识论层面，而是在审美层面。这些时尚趋势可以与艺术领域的趋势媲美。但是，即使我们接受这种（可疑的）观点，透过时尚,这种进步本身也显露出荒诞性。时尚的趋势聚焦在那些转瞬即逝的动向上,这在很大意义上是与美学思维相疏离的,因为时尚的模型在美学意义上是低劣的。如果听到"moda"这个词时,我们首先想到的是衣服,这就证明我们已经失去对进步和现代性的信心。

这就解释了为什么服装领域是第一个停止发展的领域,是第一个我们身处其中而不再保持现代的领域。这个领域似乎显露出杂乱的特点,即每个人随心穿着,没有义务跟随模型。所以,乍看上去,服装领域似乎允许我们逃避社会编排,并逃离装置。那些装置在巴黎和罗马展示"高级时装"的模型,通过时尚杂志和时尚商店传播这些模型,其目的是在编排了所谓"精英"之后,把更广泛的社会阶层纳入程序之网。我们似乎是在逃离那种辐射着四周的圆形剧场型传播框架,所以我们正在"解放"自己。可惜,这是一个错误的认识。

人们所穿并非所愿,而是穿着其自认为应该身着的衣裳。人们看到的并非各行其是的混杂景象,而是复杂的制服系统,如解放妇女的制服(解放乳房)、反种族主义者的制服(非洲风格款)、新左派制服(毛绒衣襟)、新右派制服(皮夹克)、知识分子制服(高领)、女大学生的制服(格子衫和靴子)、"上帝死后"神学家的制服、和平主义者制服、商人制服、奎师那(Krishna)追随者和保守的政治家的制服。总而言之,这个系统是复杂的代码。它可以让人们解读衣服的承载者。谁知道密码,谁就知道衣服承载者的一切,知道他们的经济、社会、政治地位及哲学和宗教观点。因此,从审查制度的角度来看,多形式统一的方法比平等统一的方法更有效。与在社会主义国家运行的装置相比,在以这种方式编排的场景中,装置更容易获取程序的反馈。

在其他时候,情况有所不同。谁想解读穿衣的人,就必须通过观衣来识人,而非只是看衣服。在很久以前,人们身穿着戏服四处游走。城郊纨绔子弟们的那伪装的优雅,农夫身着盛装时那令人忍俊不禁的笨拙模样,以及日本商人穿着西装后遭到的嘲笑,都是显露人类真实的线索。当前,服装不再背叛它们的载体,而是彰显他们。衣服让人昭然若揭,无可探索。在今天,衣着就是标签,它们不再说谎。标签即座右铭,而座右铭不会说谎。它们既不是真实的,也不是虚假的,而是一个特定程序的使用模式。

今天,衣服是一种行为模型,它会邀请讯息接收者做出相应的行为。在过去,穿衣者是模型的接收者,而这些模型则受到时尚装置的观照。在当前,穿衣人是模型的传送者,是讯息流通的渠道。同时,他们并没感知到讯息的发出者,因为其在他们视野之外。着装的传播功能已经发生改变,它像一张海报、一罐果酱那样运作——穿衣的人变成一种装置的通道。

在其他时候,存在塑造服装模型的"当权者",即服装设计师。但是,这些金字塔型传播模型中的权力人物已不再占据主导地位,因为人们拒绝服从当权者的命令,令当权者们陷入权威的危机。这一情况证明,拒绝权威并不意味着人的解放。现在,看不见的程序编排者占据了当权者的位置。时尚的金字塔型传播模型已经被圆形剧场型模型取代。这种多形式统一的极权主义能够允许程序编排者在多种可用的统一性中作出选择。权威的危机并没有引发社会解放,实际上,由于它包容表面选择的自由,所以引发了由装置编排的控制论极权主义。

服装领域可以是一种模型,我们能用它来理解其他据称是"免除价值评判"的领域,如哲学、艺术、政治、宗教与科学的领域。与服装领域相似,这些领域也表现出杂糅的景象,权威的危机在此也普遍存在。在这些领域中,如果我们仔细观察由权威危机引发的混杂性,就会发现这是一个在控制论层面编排的复杂系统。每个领域都是由相互对立的观念、规则、约定与倾向组成的复杂结构,使每个领域看起来都像战场。但是,如果更仔细地观察,我们会发现,战争仅仅是一种幻觉,因为战争本身及其结果也都被设定为对装置的反馈。每个持异见者(包括反装置的)都被自动恢复,并用以服务于程序的功能。在任何地方,恢复方法都是自由选择的,即该程序为每个持异见者都赋予恰如其分的统一性。由此,多形式的自动极权主义充斥整个世界。

我们能在曼哈顿的华盛顿广场,在我们文化中那些受人喜爱的舞台上观察到这种极权主义所采用的自由选择与民主选举的方法,并观察到这种方法的最先进的运作。我们可能会看到成熟的女士穿着印有色情标语的上衣,她们滑着轮滑,穿过那些身形高大、穿着纳粹式制服、拉着手风琴、牵着戴有假珠宝的哈巴狗的黑人男子,也穿过那些身着亚麻衣裳、染着紫色或粉色头发,并被戴着透明项圈的警犬推搡的赤脚女孩。这些角色都自由地选择了自己的服装,这些选项的传播是广泛开放的。在华盛顿广场上,我们可以观察到运作中的自由选择,即程序化的多形式极权主义,因为我们观察到的东西不是"最初的",而是对缺失和无法接近的原型的刻板印象。我们观察到的是拼贴的大杂烩或被编排的混杂。

如果我们把华盛顿广场的景象与哥特式城市主教堂广场上绚烂多彩的景象比较,就会发现工业城市特有的灰蒙蒙的单调气象已被取代,那里的景象再次如中世纪城市般斑斓丰富——我们又有了"风格"。但是,这种比较具有误导性。在中世纪的城市中,多彩是共同信仰与共识领域中多样性的表现,是天主教的多元色彩;在华盛顿广场,多样性更像一种排列组合,是程序原型的马赛克。这不是共识,而是程序;不是信仰,而是功能主义。这里不是教会的威权金字塔,而是庞大的圆形剧场。哥特式广场是一个五彩缤纷的社区,华盛顿广场则是一个被染色的团块。

事实上,工业社会那灰色的团块已经瓦解,但这并非多元形式社会的贡献。工业无产阶级的灰色石块被粉碎成五颜六色的沙粒,这些彩色颗粒随由外部吹向场景内部的风堆成沙丘。在这种情况下,自由选择不是一种决策,而是风的诸多流向中的一种振荡。选举行为不是存在层面的,但可以在控制论层面上加以解释。只有这样,我们才能解释沙丘的变化。

这些沙丘,即公众舆论,是五颜六色的,因为沙粒被几种流向的风吹动,无论被如何编排,它们都是先在一个方向,然后转到另一个方向。场景的多色特质是基于外部那些被编排的冲击力,它们的方向彼此相反。沙粒不断增长,会到达天文级数量。这使我们可以对它们未来的运动进行统计、计算。对沙丘的形成进行因果逻辑式或终极目的论式的解释都是幼稚的,因为尽管它们五彩缤纷,但实际上,公众舆论的沙丘是"暗箱"。

那些秉持因果论或终极目的论式逻辑的人们提出了规整的问题:随风而来的沙粒源自哪里?积聚沙丘的风从何而来?究竟哪个东西是程序?人们很想把问题拟人化,使其变成一些终极目的论式的问题,如谁在煽风?谁从中获利?谁编排了这奇装异服的程序并取代那些高级时装的建模者?谁编排、设计了嬉皮士的裤子和骑行者的头盔?所有这些刻板成见的原型"隐藏"在哪里?这些模式符合谁的利益?总之,人们很想把沙丘引出的问题政治化。

然而,这一现象给出的答案会让文化的批评家们失望,因为这是一个非政治化的答案。服装的原型并没有藏在任何地方。在这种情况中,没有什么可被"揭开的神秘面纱"。虽然有人从使用服装中获利,但并不是他们编排了场景。相反,他们被编排着去盈利。在程序的背后,根本没有隐藏任何人类的利益。所有这些原型之所以会出现，都是因为愚蠢而荒诞的游戏，即偶然性化为必然性的游戏。从人类的决策中变得自动且自主的装置编排了服装场景的程序。场景是不断变化的，因为装置遵循其内在的惯性，使其不断地排列组合程序中的元素，即比特。"纳粹式制服与手风琴"的组合是偶然出现的，但它必然会在游戏过程中出现。在幕后，没有神秘的东西，没有目的、意图，也没有原因。政治性问题在控制论层面得到了回答。

政治批评陷入无法操作的境地。时尚场景所施加的是解释体现在自身场景中的符码的尝试。任何试图修缮服装场景的人，都无法寄希望于采取政治行动。在这种情况下，施加在服装场景上的是特定控制论策略的应用——这更适用于游戏的荒诞规则。

13.　我们的图像

　　我们的世界已变得丰富多彩。在我们周围，大部分东西的表面都是绚丽缤纷的，如覆盖着海报的墙面、建筑、商店橱窗、蔬菜罐头、衬裤、雨伞、杂志、照片、电影和电视节目。如果与过去的"灰色"世界相比，当前这种世界的变化不能仅从美学层面来解释。我们周围的表面闪耀着色彩，最重要的是，它们投射着讯息。当前，我们获取的有关世界与自身处境的大多数讯息，都是由我们周围的这些表面投射的。

　　为我们这个世界编码的是这些表面，而不再是文本性的线。在不远的过去，编码世界由文本的线性符码主导。但在当前，世界由表面的二维性编码主导。照片、电视、电影银幕和商店橱窗等平面已经成为信息的载体，而这些信息编排着我们。所以当前，主导性的媒体是图像，而非文本。图像正在对抗文本的强力的反改革性。然而，针对这场反改革，我们必须认识到，这是一种前所未有、完全不同的图像类型。那些编排我们的图像是后字母式的，而非像过去的图像那样，是前字母式的。

　　线性书写（如拉丁字母或阿拉伯密码）是一场对抗图像的革命。在美索不达米亚的瓷片上，我们可以观察到这种革命。瓷片展示场景中的形象，如一个胜利的国王。这个图像由象形文字组成，表示国王和他跪着的敌人。在图像旁边，同样的象形文字印在黏土上，但在这里，文字形成了字行。这些字行对它旁边的图像进行了说明。文本中的象形文字不再意味着"国王"，而是意味着"图像中的国王"。文本将图像的二维分解为一维，从而改变了讯息的意义——它开始解释图像。

文本描述图像，并把图像包含的符号排成一条线。它排列符号，把符号看成沙砾（calculi，即小石子），并像项链（abacus，即珠盘）一样把它们按顺序串联起来。文本是对图像讯息的计量与枚举，它们是账目（contas）和故事（contos）①。

图像必须被解释或讲述，因为正如人与世界间的每一次中介一样，它们服从于一种内在的辩证法。图像向人表征世界，也处于人类和世界之间（vorstellen，意为置于前方，介绍）。在表征世界方面，它们像地图那样，是世上的一种定位工具；在介乎人与世界的方面，它们像屏幕那样，如覆盖世界的面纱。当图像隐藏与异化的功能遮蔽定位的功能时，或者说当图像威胁要把人类变成它的工具，而不是作为人类的工具时，书写就被发明了。

第一批抄写员是反对圣像崇拜的人，他们试图打破和穿透那些已无法以透明状态在人类与世界间发挥中介作用的图像，使它们再次对世界保持透明。如此一来，这些图像就可以再次成为地图，而不是被崇拜。我们可以在柏拉图与先知那里清楚地看到抄写员的革命贡献，即他们去除图像的神话。

读文本与写文本的姿势同处于一个意识层次，这个层次与加密和

---

① "contas"可以译为珠子或账，"contos"则有故事或零钱、小硬币的意思。两者都表示可以排列在一起的小物件。——译者注

破译图像的层次相差一步。对于图像意识而言,世界是一个场景式的环境,即世界是通过二维性介质或表面来被体验和理解的。对于文本意识来说,世界是一个过程式的环境,即世界是通过线性介质来被体验和理解的。对于由图像构成的意识来说,现实是一种情境,它强调其元素之间的关系。这种意识是魔幻的。对于由文本结构的意识来说,现实是一种变化过程,因为它强调事件的问题。这种意识是历史性的。随着写作的发明,历史就开始了。

然而,写作并没有消除图像。我们可以把西方的历史(严格意义上唯一的"历史文化")视为图像与文本之间的辩证法。"想象"是解读图像的能力,"概念化"是解读文本的能力,它们可以相互取代。概念逐渐变得更富想象力,想象也变得更加概念化。西方社会可分为两个层次:一个是基础性层次,即生活在魔幻世界的不识字者(奴隶),另一个是生活在历史层次的识字者(祭司)。或者也可以说,这两个层次是图像的层次与文本的层次。在这两个层次之间存在相互反馈,即图像说明文本,文本也描述图像。

印刷机的发明与通过义务教育而提高的普遍识字率极大地改变了这种辩证关系。文本变得廉价而通俗易懂,它首先涌向资产阶级,然后波及无产阶级。历史意识被整个西方社会接受,它被叠加在魔幻意识上。图像则从日常生活被驱逐到"精美艺术"的贫瘠之地。历史性的图像,尤其是科学的图像变得难以想象。文本变成了"纯概念性的"。因此,文本背叛了人们创造它们的意图,即文字不再对图像进行解释或去神话。它们不再解除异化,而是开始遵循自己的内在动力,即话语的线性特征。

文本及包括图像在内的所有其他媒介,都服从一种内在的辩证法。它们既表征世界,又隐藏世界;它们是标定方向的工具,但也竖立起不透明的墙壁；它们既解除异化，又使人异化。人们可能会忘记文本标定方向的功能（这是人们对文本的预期目的），而开始在它们的功能中行事。这种"文本-人"关系的倒置（如文本崇拜）是历史最后阶段的特征，政治意识形态就是这种疯狂现象的一个例子。由此，历史意识逐渐失去了支撑它的基础，即文本与具体经验世界建立的联系。只有当文本解释图像时，当文本作为可想象的讯息时，这种联系才会发生。因此，19世纪成为历史危机出现的阶段。

当摄影术及其变体，包括电影、视频、全息影像等各种技术图像被发明时，这些图像是促使人们去想象文本讯息的工具。文本的最初目的是对抗图像，使图像在我们的具体生活经验中变得透明，进而使人类免于由虚幻引起的疯狂。技术图像也有类似的目标，即它们与文本相悖，使文本在我们的具体生活经验中变得透明，以使人类免于概念引起的疯狂。编码与解码技术图像的姿势所处的层次距离书写的层次仅一步之遥，距离传统图像的层次则有两步远。这种层次就是后历史的意识层次。当前，这一层次仍是难以维持的。对于我们来说，它太过新颖，所以除了短暂的时刻以外，我们很难占据它。我们倾向于不断回到历史性的层面上。我们与技术图像的关系，相当于不识字者与文本的关系。

技术图像本质上不同于传统图像。传统图像由人创造，技术图像则由装置创造。画家将符号纳入表面，以表现特定的场景。装置则是暗箱，它被编排着去吞噬场景的征象，然后再吐出这些征象，以形成图像。装置将征象转码成图像。装置的程序来源于文本，如化学和光学方程式。因此，装置是在文本功能中将征象转码成图像的。它们是吞噬历史并吐出后历史的箱子。

技术图像假装自身不似传统图像那般具有符号象征性，假装自身是真实征象的"客观"呈现。符号与征象的区别在于,对于那些知晓共识性含义的人而言,符号具有特定的含义,征象则与其含义有因果关系。"狗"这个文字象征着一件东西,而地上留下的狗爪印则是"狗"这种动物的征象。技术图像这种假扮为征象、假装客观的行为具有欺骗性。实际上,装置将征象转码成符号,而这个转码过程基于特定的程序。技术图像的讯息必须被解码,但这种解码比传统图像更难,因为讯息被更大程度地"伪装"。

我们可以从电视上相对清晰地观察到装置转码的过程。这是一个巨型的转码装置,在圆形剧场型传播框架中投射图像。单个电视装置是其输出内容的插槽,通过这些窄缝,装置把图像投射到私人空间。作为一个整体,装置也有一个输入性的插槽,并且通过这个缝隙吞噬征象和文本。征象以带状形式(如录像带)进入装置,这些带子上覆有由场景引起的印迹。文本则有两种不同的形式:一种是报告、剧本等描述场景的形式;另一种是程序的形式,建立在科学理论和意识形态的文本之上。也就是说,在一些层面上,装置把征象和历史作为原材料来自我滋养,所有这些都是装置的原材料。在电视装置这个箱子里,这些材料被转化成图像并被投射出去,从征象与历史转码成后历史。

这并不是说历史已经停止"发展"。相反,它比以往"发展"得更快,因为它被吸入到装置里。事件被装置吮吸着。此外,部分事件由装置引起。于是,事件加速坠入装置中。所有历史、政治、艺术、科学和技术都是由装置驱动的,以便将其转码成相反的东西,即电视节目。装置已经成为历史的靶子,成为线性推进着的时间的大坝——那里堆满了时间。历史被转码,成为永恒轮回的程序。

因此,与传统图像相对,技术图像意味着事件,而不是场景。但是,技术图像仍是图像。被它们编排的人会以一种魔幻的方式生活和体验现实，把生活与现实体验为一种情形的环境（Sachverhalte，即事态）。然而，这种魔幻体验并不意味着回到前历史，因为其并非建立在信仰之上，而是建立在程序之上。"程序"即"指令"，书写则在其之前。这就是后历史的魔法，历史成为它的借口。那些被技术图像编排的人会将现实体验和理解为一种被编排的环境。

　　当然，通过解码技术图像，我们可以超越这种存在的形式。但是，这需要我们从技术图像退回到编程的过程，而不是向文本特有的概念化的方向前进。这需要迈出四步。那种寻找技术图像背后动机的历史批评无法使人类从图像中解放出来。因此，只有通过一种新的能力才能克服当前技术图像的反改革性，即所谓的"技术想象力"，解码技术图像的能力。这种能力与形式思维相关，如在信息学、控制论和博弈论等领域中建立起来的思维。如果我们不能向"虚无"（"缺席的结构"）的方向迈出这一步，我们就永远无法使自己从被技术图像编排的想法和行为中解放出来。

14. 我们的游戏

　　我们倾向于把自身所处的环境理解为一种游戏的环境,就像18世纪的人们倾向于把自身所处的环境理解为机械的环境,19世纪的人们则倾向于把环境理解为有机体的环境一样。对于18世纪来说,人体是一台机器;对于19世纪来说,人体是生命的集合;对于我们而言,人体是复杂系统的游戏。或者也可以这样说,对18世纪来的人说,语言是一种时钟;对19世纪的人来说,语言是有生命力的、发展着的现象;对我们来说,语言是一种文本的游戏。我们这种倾向于游戏的态度有两个来源:一是我们的实践,即符号游戏的实践;二是我们生活在程序中,而程序就是游戏。

　　因此,我们把游戏置于知识模式与行动模式之前,把游戏理论视为"元理论"。在社会中,我们能随处认识到这一点,尤其是从我们承认自己的方式中。我们不再把自身的社会性存在视作一个机器的齿轮或器官,而是把自身看作游戏中的碎片。社会问题不再以"是什么推动了社会"或"为何要推动社会变化"的形式出现,而是变成"什么策略在游戏中发挥作用"。

　　同时,我们这种态度也不仅是"精神层面的"或是解释性的。这反映在我们的姿势中。我们就像是被游戏的游戏者。我们能从电影制作人的姿势中获得有关这一认识的启发。电影这种技术图像部分地把我们的行为方式程序化。为了理解游戏的人、卢登斯人（Homo ludens）的"在世存在"，需要关注电影制作者的姿势。

电影制作者有一条胶片，上面是按顺序排列的照片及与之相配的音轨。因此，可以说，胶片是一种线性的声画征象组合。这条胶片是一种原材料，用以制作在电影院放映的程序。同时，电影制作人也使用一些工具（包括胶水和胶带）来剪辑和粘贴胶片。

胶片本身是一个特定装置的产物。在把胶片作为原材料之前，电影制作人参与了胶片的制作。其他参与该制作的功能执行者还包括编剧、摄像师、演员、化妆师和灯光师。他们的所有工作都在相互关联的复杂功能中完成，而这些功能包含在电影行业这个装置之中。因此，电影制作者的功能有两个层面：制作胶片和制作程序。

第一个层面的功能与历史意识的层次大致对应，其中的一些功能是已知的。例如，演员和化妆师的角色是典型的历史性角色。但是，在过去的历史中，很难找到与编剧和摄影师同类的角色。编剧是为图像制作提供素材的识字者，是在程序的功能中制造历史的人。对于历史意识而言，摄像师是一个更奇怪的角色，他拥有可以捕捉征象并把它们转化为图像的装置。为此，他会针对场景采用多种不同的视角，而这些视角都是等价的和可换的。摄像师的姿势是一种克服意识形态的表现，意识形态意味着坚持某一个观点。在这方面，电影摄像师与照片摄影师类似。但是，照片摄影师从一个视角跳到另一个视角，每次跳跃时按下按钮，他的姿势是可量化的，带有连续性决策的印记。相反，电影摄像师从一个视角滑动到另一个视角，他拥有一种可以"扫描""游移"和"特写"的装置。他和照片摄影师一样带有怀疑，即他不坚持于某个视角,但他的怀疑却没有必要作出决策。这是历史上前所未有的条理清晰的怀疑,这是一种新的认识形式。

因此,电影制作者参与了所有这些角色的功能。他导演这些功能,他所观、所思并非事件,而是要生产的电影胶片。他没有将事件本身视为有意义的,而是关注电影胶片的意义。对于他而言,电影胶片是程序的原材料,这些程序则由符号组成。因此,对于电影制作者而言,事件意味着符号。换句话说,程序性活动的特征就是这种意义向量的倒转。

当如此被制作出来的胶片到了电影制作者的手中,他就会发现,自己面对的是由清晰、明确且可计算的元素组成的线性代码。他的目标是把这些代码转码,使其基于观众的错觉而开始运动。因此,从外部视角上看,电影制作者面对着潜在的历史,即他超越历史以游戏历史,占据着上帝曾处的位置。像上帝一样,他可以同时看到历史(电影胶片)的开始和结束,可以通过干预历史而生产"奇迹"。然而,他也能做全能的上帝力所不能及之事,即重复事件。他可以从未来跳到过去,从过去跳到未来,让历史之河逆流,让事件加速发展。与上帝相反,电影制作者是历史的创作人。

基于自身实践,电影制作者克服了时间的线性结构。对他而言,电影胶片的线性结构是可调节的。他可以将其弯成永恒轮回的圆圈,弯成椭圆形、螺旋形和箭头形。这就是为什么"电影制作者的行动是魔幻的"的说法是错误的。对于身处魔幻性宇宙中的人而言,思考和行为都是循环式的;对于身处历史性宇宙的人而言,思维是线性的;对于电影制作者而言,线性与循环性只是思考和行动中的两种同等可用的结构,他的意识同时超越了魔幻性与历史性。

电影制作者的这种后历史性的超越并不意味着他解放了自己,不受事件的约束。他虽游戏历史,拼接和粘贴历史;但作为原始材料,历史也为他操纵的姿势设置了阻力，即历史设置了自身的游戏规则。在这里，我们要理解的重要问题不是每个客体都会设置的传统的阻力，或者客体的"背叛"。重要的是，电影制作者所遭受的阻力不是来自演员、编剧和灯光技术人员的，这种阻力是一种新的阻力。当操纵电影胶片时，他必须考虑到他操作的装置的结构，也必须考虑装置技术的、财务的、意识形态的和美学的要求。总之，他要考虑其程序，因为电影制作者是在元程序的功能中制作程序的。从这一点看，电影制作者与上帝不同。他是一个被程序编排的程序制作者，一个被游戏的游戏者；他超越了历史，但这种超越是程序化事件功能中的超越；他是一个功能执行者，并没有得到解放。

由此，我们可以在当前其他行为的领域中发现电影制作者式的姿势，所有程序编辑者、未来学家、官僚、公众舆论研究者、市场经理、规划部部长等都具有类似姿势。对他们所有人而言，事件和历史不过是要用胶水和胶带来操纵的原始材料；他们的目标都是将历史转化为程序；他们也都受限于特定的游戏规则，并且根据这些规则制定策略；他们都在执行着功能。

倘若尝试进一步疏远这个现象学的观察，倘若试着观察这些游戏规则建立的层次，我们就会遇到更多刚才描述的那种程序编排者。事实证明，人们对那个终极"程序编辑者"，那个"不可触及的先行者"的追索是徒劳的。这种追索本身表现为无限回归。构成环境的游戏显示，其自身（的所有都）是元游戏的对象游戏，而元游戏反过来是其自身对象游戏的对象游戏。因此，我们的环境成为那些相互暗指彼此的游戏的语境，而这些游戏的规则也是相互暗指着的。在这样的环境中，我们都是被游戏的游戏者，是"游戏的人"，是游戏的碎片（棋子）——这是一个荒诞的情况。

如果我们聚焦电影制作者的实践在存在层面的影响，就会察觉这种局面的荒诞性。电影胶片由照片组成，照片则是清晰明确的点状元素集合体。当被投于屏幕时，照片变成一种过程。在传统意义上，我们有且仅有两种基础性的现实的模型：一个是波模型，现实在此是一个过程；另一个是粒子模型，现实在此是原子式的。我们可以把第一个模型称为"赫拉克利特式的"，把第二个模型称为"德谟克利特式的"，两种模型相互渗透。波可以被理解为点滴之物组成的群落，粒子则是静止的波。

然而，电影制作者的实践有不同的影响，它具体表露了两种模型中包含的欺骗性。摄影实际是具有象征意味的粒子，是被欺骗性地冻结起来的运动过程。屏幕上移动的光影是一种具有象征意味的波，它伪造了运动过程。因此，"现实的基本结构是什么"这种问题是幼稚的，因为现实的基本结构是由程序制造者编排生成的。

这种情形导致了一种关于存在问题的后果，即电影制造者可以冻结波。也就是说，他可以将动作转化为场景，将演员转化为偶像，将"英雄"变成神；他同样可以使粒子运动，并将场景转化为事件，将偶像转化为演员，将上帝变成英雄。这种对世界基本结构可操纵性（这种可操纵是游戏式的）的具体经验，终结了所有本体论。"什么是真实的，什么又是虚构的"这种问题失去了意义。我们失去了真实感而荒诞地活着。

于是，生活开始意味着成为荒诞游戏的一部分，关于游戏意义的每个问题都变成了带有贬义色彩的形而上学。这个或那个电视节目是"现场直播"还是录制的，屏幕上的角色是政治家还是表演政治家的演员，这些都变成了空洞的问题。对于每一个节目，我们提出的问题不是"它有多真实"而是"它是如何运作的"。真实与虚假的问题变成了一个关于效果的问题。在节目中，我们感兴趣的不是输入的部分，而是输出的部分。

　　这是当前意义向量倒转的另一种表现形式。我们参与的象征游戏并不表征任何具体经验的宇宙。相反，这种具体经验表征着游戏。我们的具体经验在游戏功能之中，游戏是我们本体论的场域，所有未来的本体论都必然是游戏论。一切皆虚构，再无真实可言。我们是博弈者，我们知道这是一种游戏，但对于我们来说，生存意味着博弈。当然，我们可以掀翻棋盘，不去制定新的策略或元博弈游戏。但是，在这种情况下，我们并不会从游戏中解放出来，因为我们会坠入隐藏在游戏背后的那不具任何意义的、超游戏的深渊。我们为了避免这种坠落而成为"游戏的人"。

15. 我们的涣散

　　有些文化呼吁人们凝神静气，以抵达幸福。例如，印度教和佛教引导我们把思想集中在一个核心主题上，由此展开冥想。冥想则揭示现象世界的虚幻本质，并穿透现实。这种文化精心地设计出精密的技术，使得人们的专注力发挥作用。但是，我们的文化逐渐生成与之相反的技术，其旨在通过转移我们对特定主题的思考来平息幸福。在当前，娱乐行业已经构建出强大的装置，我们文化模式的改进对有关瑜伽技术的复杂性没有任何助益。

　　然而，我们可以质疑，凝神静气与心猿意马是否真的像表面看上去那样，是两种截然相反的状态。站在历史视角上比较西方与东方，我们似乎可以打消这种质疑，因为西方在其历史进程中精制的技术与东方凝思和冥想的技术恰好相反。后者不会引导人转移注意力，而是引导他们寻求改进世界的方法。所以，西方与东方似乎证明了人类存在且面对的选择。东方人选择冒着失去世界的风险来确证自我，西方则选择冒着失去自身的风险去征服世界。因此，在一种辽阔的范围内，东方与西方证明了人类意识（黑格尔所谓的"苦恼意识"）的辩证性。

　　在聚焦自身与投入世界的辩证结构中，娱乐并没有一席之地。娱乐是一种垂直于意识辩证法层面的活动，它把人类在这个层面上的注意力转移到别处。娱乐活动既不试图探寻自己，也不试图探寻世界，而是通过将自身传播到世界各地，试图用肤浅平庸的意识击破苦恼意识。于是，人放弃以幸福为目标的生活，因为他们知道幸福是无法抵达的。取而代之的是，他们用各种形式来分散自己的注意力并以此为生活目标。娱乐活动试图分散人类为取得幸福而凝聚的心神。所以，娱乐是一种放松的活动，它使我们从人类意识那辩证的张力中松懈下来。

因此，辩证分析法并不适用于娱乐现象，这种方法歪曲了它。在娱乐状态中，"我"和"世界"的辩证性对立被挪移到一块中间地带，激起一种既不是"我"，也不是"世界"的直接感受。"我"和"世界"只不过是这种具体感觉的抽象化推断。这种感觉让人既"忘我"，也"忘世界"。电影、电视、惊世骇俗的新闻和足球比赛将意识从具有辩证张力的"我/世界"中移出来，它们都处在这两极的前面。感觉比意识更原始，因为在人与世界的关系异化之前，感觉就已经存在。娱乐刺激人的感官系统，它揭示了"我"和"世界"均作为幽灵，萦绕在具体经验周围的样态。

在以娱乐为气候、由娱乐主导的情形里，辩证哲学（如黑格尔或马克思哲学）不再重要。面对这种情形，是胡塞尔，而非黑格尔，能够条分缕析；是胡塞尔的现象学，而非精神现象学，能够回答我们生存于世的方式。作为追求感官享受的方式，娱乐是一种趋于扩展"生活世界"（Lebenswelt）广度的方式。在娱乐活动中，我们追求生活的数量而非质量，我们想要最多的经验来积聚感觉，因为在持续的感受中，我们能够把有关人类与世界间相互异化的意识挪到一边。我们正在寻找具体的经验，我们正在"回到事物之中"，以此为苦恼意识按下暂停键。

乍一看，积聚感受似乎意味着储存感受，意味着我们想要把这些感受留在记忆之中。这种对娱乐的解释催生了"消费社会"的概念。"消费社会"是消耗那些由装置生产的物质和其他感受的社会,这个社会就好比那些与生产性装置相互对应的消化性装置一样。这是有关娱乐活动的错误解释。大众社会是一个自我娱乐的社会,其特征是缺乏记忆力,因为它无法消化自身吸纳的东西。我们不能用"因为有了独特且更高效的人工记忆器,所以人类记忆已变得多余"这个事实,来把这种大众记忆力的匮乏简单地合理化。关于这种情况,更充分的解释是,社会没有记忆,没有内在结构,也没有"我"。大众社会不是一个消化装置,而是一条管道,感受在其中穿行,其目的是被不经消化地排解出去。大众文化的特征不是消费,而是它的反面——生产废物或垃圾。

那些不经消化便被抛弃的感受积累起来,就成了娱乐。一旦"世界"和"我"都变得可有可无,感觉就畅通无阻。社会中既没有需要消化的东西,也没有内在结构要去完成消化的任务;既没有肠道,也没有肠道存在的必要性。只有用嘴来吞噬,用肛门来排泄。大众社会是一个由比蠕虫更原始的管道组成的社会,因为即使是蠕虫也有消化功能。这种我们时常拥有的"蠕虫般的"感觉是一种乐观的感觉,而那些哗众取宠、惊世骇俗的具体讯息比蠕虫更加低等。

在娱乐社会中,只有口腔和肛门的装置运作着,只有输入和输出的动作。这是一种"肛门-口腔力比多"对"生殖器性力比多"的压制。在娱乐活动中,快感聚焦在口腔和肛门上。生活引向了口腔感觉(吞咽)和肛门感觉(排出),有关生殖的事项(对他人的爱和繁衍)则是"被战胜了的"。

这使得编排着我们的装置可以把我们作为某种反馈,它们可以用那些已经被排出的感觉再次喂养我们,而我们也不会注意到自己过去曾经吸纳过它们。因为每一种感觉都是具体的,所以它们总是新的。我们是一种永恒重复的、感受着的通道。

然而，尽管口腔-肛门力比多压制着变革的可能，尽管我们被设置成反馈管道，我们仍然具有一定的内在结构。这种内在结构表现为两种形式：一种是当意识到自己正被喂食垃圾时的抗拒觉醒；另一种则是我们搅动垃圾的倾向。第一种嗜食废弃物的征象即所谓的"怀旧之旅"，掀起媚俗和色情作品的浪潮；第二个现象则更富有深意。

在社会里存在有关"废弃物嗜食癖"的科学，对那些尚未被消化的东西进行研究，如精神分析、考古学、词源学和那些追根溯源、寻根问底的探索。这类对"废弃物嗜食癖"的研究目标有两个：首先是回收垃圾，生态运动即为其例；其次是专业人士对垃圾的回收利用，其核心是重组我们的思想与活动。由于我们是嘴和肛门连成的通道，所以我们的思考和行动是循环性的。其运作线路不再是"过去—现在—未来"，而是"过去—现在—未来—过去"；不再是"自然转化为文化"，而是"自然转化为垃圾，垃圾转化为自然"。思考与行动的回环型运作路径揭示了人们的内在只是部分地具有意识，这与我们被重新编排为反馈渠道有关。

这个装置并不能使我们完全偏离意识，因为在重新编排之前，我们对自己与世界有着尤为清晰的意识，而且科学积累了大量有关世界的信息。同时，在近些年，我们的所作所为为自身唤醒了一种巨大的内疚感。因为难以转移那些掌握丰富信息的罪犯的注意力，所以，装置开始必须采用极端的娱乐方法。它们夜以继日地用持续性的感觉来打压我们的苦恼意识，我们则顺从而配合地转移了自己的注意力。我们想要被娱乐，我们要求更强烈的娱乐，因为我们无法忍受与苦恼意识为伴的生活。

因为与装置达成了共识，我们允许装置娱乐我们，并将我们编入感觉通道中。这种通道建立在良心的忏悔之上，而非信仰之上。那些善意的、崇尚感觉的人们是快乐主义者，他们相信至善在于真切的体验。

在历史上,这种关于善的认识也曾存在,如伊壁鸠鲁的希腊文化精神。但是,我们的情况与此不同,我们不是快乐主义者,既不是伊壁鸠鲁派,甚至也不是斯多葛派(这是同一枚硬币的另一面)。我们深信,至善并非在于感觉。根据我们与装置达成的共识,感觉成为一切美好事物的替代品。我们确信这些美好的事物是无法获得的,感觉则是在面对遥不可及的美好之物时,对注意力作出的转移。

我们继续相信,存在诸如自由、正义和人的尊严等权利。但是,我们已经惨痛地发现,每一次实现这些权利的尝试都会导致与其意图相反的结果——它会导致奴隶制、不公正和侮辱。这是我们必须从最近经历过的社会主义革命中汲取的教训。这场革命是西方最后一次试图逃避工业革命产生的装置极权主义(工业革命也寻求同样的权利)的行动,它的破灭深深地扎根于我们的苦恼意识之中。于是,我们试图从中转移注意力。我们是反改革者,我们寻求消遣,因为我们意识到未来的每一场革命都将产生与过去的革命相同的效果,即奴隶制、不公正和侮辱。我们的共识(无论是明确的还是含蓄的)是,娱乐是我们避免不快乐的最好的方法;那些娱乐我们的装置社会是邪恶的,但如果我们认真对待,就会发现它比晚期资本主义的社会要好。

我们的娱乐是一种游戏,一种拼图游戏。我们如饥似渴地吞食的个体感觉构成了马赛克,而这种马赛克在模糊中将自己构成图像。我们的意识在游戏过程中被粉碎,并偶然地根据随机体验重新组合。娱乐产业编排着这种随机性。我们会偶然地体验到每一种感觉,而每一种偶然发生的感觉都是受欢迎的,因为它的作用在于娱乐我们。

由此产生了一个奇怪的结果,即没有什么东西被认真对待,一切(不只是那些明确以娱乐我们为目的的节目)都令我们开心。我们以感觉至上的态度吞噬一切,包括艺术、哲学、科学、政治,以及与我们的具体经验相关的事件，即饥饿、疾病和压迫。我们的工作娱乐着我们，我们的人际关系也娱乐着我们。我们无法认真对待，因为我们想要的是具体的感觉，以此换取我们参与的象征性游戏。如果这些游戏不再意味着具体的感觉，它就不再具有意义了。我们生活于荒诞之中。

为了娱乐我们，装置已经编排了世界，它们把这个世界变得十分"壮观"。它们现在正试图大肆渲染我们的死亡。在此之前，它们已经渲染了他人的死亡。装置压倒了哀悼，它们把他人之死变成媚俗，并会把我们自身之死也变成媚俗。一旦装置达到这一目标，我们将被重新编程。那时，我们的苦恼意识将最终停歇。程序化的生活变成完全的娱乐，这就是那个我们正在与之达成共识的程序所追求的目标。

16. 我们的等待

　　前工业社会等待收获,工业社会等待进步。在今天,我们不再等待,而是恐惧。这三个社会具有与时间体验相关的、三种不同的存在的气候:农业社会的气候是耐心,工业社会的气候是期待,我们当前社会的气候则是无聊。农业社会分为两个时期:一个是夏季的行动期,另一个是冬季的被动期(等待)。在工业社会,环境会逐步转变,人们期望这种转变是一种进步。当前,我们期望装置按照程序运行。这种期望相对较新,值得从现象学的角度加以观察,以理解我们对时间的体验。

　　为了能生活在后工业社会中,人们要持有"文件"。文件即符号,它们使装置能验证文件持有人在哪个部门执行功能。每个"公民"都有权获得文件,装置则有义务提供文件。然而,"权利和义务"在政治范畴之中,功能化社会使其与时代格格不入。于是,它们不再起作用。因此,那些需要这些文件的人必须做出适应装置运作的特定姿势。

　　人们必须用覆有符号的特定文件来"供养"特定的装置。用古时的话说,就是人们发出"请求",希望装置能吐出所需的文件。装置被编排着如此行事,这些请求也必须按照装置的游戏规则填写。规则是正式的,与所涉文件无关。用以请求的文件必须符合特定格式,行文的字母必须是特定的类型；文件必须包含特定的问题，也必须以特定的方式进行回答。人们必须从装置的特定插槽里获取这些被称为"表格"的文件。为了获得它们，人们需要发出请求。在此，功能主义的螺旋式循环显示出其无边无际的荒诞回归。在实践中，装置能相对流畅地吐出表格。当表格被填好，放入特定的输入性插槽中，请求方就开始等待被程序化的功能，即等待输出性插槽弹出他们所需的文件。

请求的姿势具有"顿挫"的结构，即每个动作后都跟随着暂停和等待。这是具有自动化的特点的姿势，具有量子性、比特状的特征。它构成行为的马赛克，并且由"动作元"组成。例如，某些请求必须附上照片，所谓"照片自动贩卖机"的专用装置才会将照片吐出。这些装置提供程序化的照片，它们具有程序化的格式、颜色、背景和光线。这种照片自动贩卖机的工作方式如下。

它们是带有插槽的暗箱，在其中一个插槽放入硬币，灯会亮起来，装置准许请求方通过另一个插槽进入。这时，人处于一个类似于监狱的房间，里面有一把（像刑讯室里一样的）椅子。请求方坐在椅子上，带着被编排的态度按下手臂可及处的按钮。然后，人朝着墙壁傻笑，等待里面的灯嘲讽般地闪烁三次。然后，人离开暗箱，在外面等两分钟。在暗箱外面，有一本用户手册，告知请求方等待的时长。如果这个暗箱按程序运行，那么两分钟后，另一个插槽里会出现三张仍覆有装置中液体的照片。请求方把它们收起来，贴到请求的表格上。

人们想要探析这些照片的愿望是荒诞的。这些照片是技术图像，它们的讯息针对的是装置，而非被描绘的人或任何其他"自然"人。当这个暗箱没有按照程序运行，请求方去摇晃它的行为也是荒诞的——每一个革命性的行为都是荒诞的。在这种情况下，人需要向装置中的另一个部门提出请求，派专门的功能执行者来修理照片自动贩卖机以使其正常运行。

在这个观察中，重要的地方在于，要确认装置中的插槽对应着姿势中的插槽，即时间之槽。姿势具有装置程序的"比特状"的结构，即有间隔。这些间隔就是等待时间。因此，对历史的、过程性的意识而言，这些间隔是不可承受的。等待时间似乎是空的，不允许耐心或希望存于其中。因此，在极端情况下，当请求方的生命可能取决于自动照片贩卖机的运行时，如当需要获得护照以逃避警察装置的威胁时，人们不能寄希望于这两分钟的间隔。因此，这两分钟变得漫长起来。这种无聊感独立于间隔的客观延伸。客观地说，照片自动贩卖机缩短了拍摄与生产照片之间的时间。这种缩短时间的行动比协和式飞机缩短从圣保罗到伦敦的时间更加彻底。然而，在这两种情况中，这种客观意义上的进步在存在的层面上是无趣的。在这两种情况中，值得注意的是，间隔是一种空无、静止的空间，促生了虚无感和古时所谓的"停顿于现在"（nunc stans）的状态。无聊是功能主义时间体验的特征。

这就是当前的等待的形式——一个毫无耐心或希望的乏味间隔，一种死亡的幽微化。显然，这种新的时间体验要求我们设计新的模型。

在农业社会中，时间是一个循环圈，是"播种—收获—播种""白日—夜晚—白日""出生—死亡—出生"的永恒回归。时间在空间中旋转并排列事物，并将事物从偏离自身的地方放回到正确的位置。偏离自我是不义之举，是正义的对立面（adikía）。在生活中，人们使事物脱位，做下不公之事；循环的时间、命运则将事物放回到预先设定的秩序中。时间谴责和惩罚着人，如果人想逃避应得的惩罚，就必须作出牺牲、付出代价。人们魔幻地生活着。循环的时间不容留因果的逻辑。白天是黑夜的原因与结果。说太阳唤醒公鸡与说公鸡唤醒太阳，表达的是同样的意思，即时间的循环模型是神话性的。

在工业社会中，时间是一条直线，它串联的事件单向流动着，永不往复。换句话说，没有一天是前一天的重复，每次收获都是独一无二的。如果人死后还有存活的形式，那么这种形式在我们的认知体系之外。线性时间是历史性的：它向新的方向推进；它来自过去，流向未来。随着时间的流动，事物也被拖着前进。每个已逝的瞬间都绝不可重回，每个时刻都急迫地流逝，每个行为都不可重复。它们是不可预测却必然存在的结果的起因，是不可收回的。没有什么是保持静止的，一切皆在变化之中。这就是为什么没有"现在"可言，"现在"不过是时间线上的一个无维的点。当它发生，就已然流逝。这种时间即历史性的时间，其模型是因果逻辑。

在后工业社会中，时间是一个深渊，即"现在"的漩涡吞噬着一切。"现在"是真实的总和，其中的所有虚拟性都得以实现。它们"呈现"着自己，而"现在"静止不动。无论我身在何处，我都陷于"现在"。一切都在现在发生，一切都呈现自身。时间不再从过去流向未来，而是从未来流向现在。未来不再是直线的末端，而变成现在的界限，它包围着现在的每一侧。无论我们往哪看，那里就是未来。后工业社会没有进步，没有先驱。无论朝哪个方向行动，每次的行动都是一个姿势——我通过姿势触摸未来，以将其呈现。在后工业社会的模型里，不像在线性模型中那样存在"过去"，因为发生的不是昨天，而是明天。过去只是现在的一种部分，已经呈现的事物被存储在现在。这种现在的储存以两种方式呈现为"过去"：一种是可用的（记忆），另一种是不可用的（被压抑的）。过去以这两种形式成为现在。因此，过去并不用来"解释"现在，而是现在在"解释"它。

因此，后工业时代的时间模型具有以下特点：我身在哪里，现在就在哪里。我是一个漩涡，吸收未来以将其呈现并转化为过去。我是时间沉淀于其中的深渊，是虚空。在我功能性的间隙中，当虚无显形，我即体验到作为虚无的自身。我们可以观察这样一个模型，正如我们可以把以前的模型变得可视化那样。我们可以把农业时代视为太阳和月亮的轨道，把工业时代视为一条河流。后工业时代可以被视为一个磁场，而无聊乏味则是去除了铁屑的磁场。鉴于我们对时间的体验，这种模型被施加在所有的领域，是一种时间的控制论式的模型。

这种模型的基础是在空洞的时间中等待的体验，即我们自身虚空的体验。海德格尔和萨特的存在主义分析试图理解这种体验。他们试图表明，存在是一种需求，一种被充盈、被极度自我充实的事物所包围的需求，这些事物在我们的需求中沉淀。然而，这些分析没有像加缪的分析那样理解到虚无的荒诞性。他们认为等待的时间具有一种"可用性"，随后就会产生"决策"和"参与"。照片自动贩卖机里的体验反驳了这种等待分析。当我们这样等待时，我们对装置而言是可用的。我们无法作出任何决策，支持或反对装置的每次行动都是荒诞的。等待的时间被体验为百无聊赖，这是因为在荒诞的功能主义中，等待是一个荒诞的间隔。

等待，即时间的停驻，向我们揭示自身其实是插槽。当我们面对虚无时，会发现自己什么也不是。我与这个世界都不过是对虚无体验具体性的抽象推演。在等待的时候，我们处于胡塞尔意义上的"悬置"。因此，在这些时刻，我们领会了装置的功能。它们功能运作的目的是填补作为插槽的我们。因为空虚的体验即死亡的体验，所以，我们或许可以据此重新定义装置的功能，即它们的功能在于让我们远离死亡的体验。在功能性的插槽里，死亡以无聊乏味的形式出现。装置向乏味的感受投掷感官刺激，以此压抑这种感受。乏味是功能主义的敌人，因为它揭示了功能主义的本质。换句话说，乏味揭开了装置的神秘面纱。

有一首波萨诺瓦（bossa nova）风格的歌，唱的是一个公职人员等待五点钟的火车，而他的妻子等他回家吃饭，她孕育着一个孩子，待这个孩子出生长大后，再等待五点钟的火车。这是一种对功能主义时代等待的现象学表述，是我们所等待着的、等待着我们的现象，是未来学家所估量的、规划者所计划的内容。但是，估量和计划无法明确地推算出意外之事。尽管有预测灾难的理论，但意外是不可预测的。所有始料未及之事都是可怕的，因为只有意外之事才能改变我们当前等待的形式。因此，我们期待那些始料未及之事和灾难的发生。我们希望出现能使我们畏惧的东西。我们深陷在希望与恐惧的混淆、糅合之中。这就是我们当前正身处其中的基础性的"恐惧的平衡"。

17. 我们的恐惧

　　我们的处境显示出的愚蠢性是前所未有的,愚蠢之物包围了我们,如塑料笔、电动牙刷、插图杂志、广告海报等。在所谓的"自由世界"中,公共讨论在愚蠢和肤浅的程度上,只能与一些冠冕堂皇的宣传媲美。如果以智商测试来衡量这个编码世界的智识水平,我们可能会发现,其智商处于低能和白痴之间。这一事实并不令人意外。被定义为"超高速白痴"的装置对我们的世界进行了编码。因此,没有什么比愚蠢更可怕,也没有什么比愚蠢更值得忧惧。

　　这些愚蠢的物品、这些围绕着我们的小用具,以两种不同的方式对我们进行编排。我们被编排得无法离开它们,其目的是让人们忽视它们的愚蠢。我们被编排得无法离开汽车,而石油危机说明这种依赖如何影响着各个看似独立于交通运输之外的领域。我们被编排,以至于忽视了汽车是一种愚蠢的交通工具,它可以轻易地被更适合的交通工具替代。第一种编排的影响是降低我们的智识水平、审美水平与政治水平。这些小用具不是普通儿童的玩具,而是智力低下的儿童的玩具。第二种编排使我们无法在包围我们的愚蠢的根源上集中注意力,如从认识论和本体论层面分析能源危机。社会正在经历低能或早发性痴呆的过程。

这种痴呆症在所谓的精英中尤其明显。我们从未像现在这样，动员如此多的智力、规则、想象力和资源来发明愚蠢之物，经济规划和指导从未像现在这样愚蠢。政治决策和社会决策从未像现在一样掌握在如此愚蠢的人手中。历史传统教导我们，必须惧怕那些手握支配权的精英们的不良意图，默认精英是以智慧来实现罪恶意图的。因此，传统将革命行为视为善与恶之间的斗争，但两者都是智慧的。不过，这个模式现在并不适用。这些装置及其功能执行者并不是恶意的，因为他们是笨蛋。反过来看，他们的竞争者也不比他们聪明。如今，我们必须对抗不管是从"右"方还是"左"方而来的愚蠢，因为这是威胁我们的致命危险。

海德格尔展开的用具（Zeug）本体论分析证实，用具是为了证明人而产生的物（Dinge）。因此，用具使人摆脱自身的条件（Bedingung）的束缚。人会生产文化（用具的集合），以此从"自然"（物的集合）中解放自己。无疑，小玩意儿（或海德格尔所说的"用具"）围绕着我们。它们证明了我们的存在，但它们并不能使我们解放，而是对我们进行编排。今天，文化已经开始证实人类的愚蠢。

文化时时处处制约着人。自然也时时处处转化为文化，把一种制约换为另外一种。我们不再害怕老虎，而是害怕警察；我们不再害怕干旱，而是害怕股市崩盘。然而，尽管如此，反抗自然而利于文化的斗争，始终是庄严的斗争。这是因为，无论何时何地，相较于自然的制约，文化的制约总是有助于解放。我们可以将用具解释为"他人的行动"，而且不必将其视为"被给予的"。因此，我们对警察和股市崩盘的恐惧可能转变为一种扭转人类行为的革命。那种反抗自然而支持文化的斗争，是促使物转化为用具、用具转化为人类解放道路的斗争。这便是自由行动的含义。

不过,现实情况已不再是如此。当"小玩意儿"被理解为"人类行为"时,它们实际上只是些伪造的用具,是装置的行为。虽然专业的功能执行者也参与了操作,但这些小用具仍然是自动操作的结果。小用具背后的那个被分析的人其实并不是它的制作者,而是装置的功能。在小用具背后,我们解读出的是装置的愚蠢性。如果小用具被包含在程序中,装置就会随机地生成它们。这些小用具不具有什么意图,它们只是偶然性和必然性博弈的结果。这种愚蠢性的危险在于,它们会自动导致意外情况。面对这样的文化,任何捍卫自由的斗争都不再是文化的斗争。所有文化皆是如此,因为每种文化都只是寻求成为这种文化的一个计划。

这使得我们根本的恐惧得以成形,因为我们害怕那些超出所有人意图的情况在偶然间发生,并且这种盲目的偶然将在装置游戏的过程中变成必然。例如,原子战争将会爆发,它会作为一个自动化过程的结果而爆发,在其任何阶段都不会受到人类意图的影响。即使 20 世纪初的政治行动有先见之明,要求不为研究原子结构的单位提供资助,这也是无关紧要的,因为科学装置仍会发展出同样具有破坏力的其他能源——这是程序编排好的。同理,如果一个全知的政治行动停止了 18 世纪的科学研究,这也是无关紧要的。我们的文化被编排去客观地操纵世界,它会找到其他的方法来实现类似的计划。原子战争包含在技术性装置的程序中,无论这个装置是军事的、经济的还是政治的装置,它都自文化出现之时就包含在其程序之中。原子战争将会随机发生,无人有意为之,但它仍不可避免。

这种认识同样适用于所有其他威胁着我们的危险,包括人口激增、环境污染、自然资源枯竭和人类机器人化。所有这些都被编排在程序之中，所有这些都是作为游戏的最后阶段的一个方面，而这场游戏就是我们的文化。用国际象棋的术语来说，这些都是一种"终局情形"。总而言之，令我们感到害怕的是终局，而我们就是其中的游戏者与棋子。我们所在的世界弥漫着末世的、千禧年主义式①的气候。

我们深层次的反改革热情也是如此，因为我们害怕的正是文化不可阻挡的进步方向。今天，使自己自由，更根本地说，为地球上人类的生存而斗争的做法，意味着一种延缓进步的策略。这是唯一高贵的做法。我们不能再作为革命者，这意味着要通过其他程序来抵抗正运作的程序。我们只能是破坏者。也就是说，我们是把沙子扔到装置轮子上的人。这样做的结果是，当前每次富有智慧的解放行动都是一种颠覆性的反应，一切（恐怖主义、替代性技术、绿色运动、妇女自由运动、另类的学校、艺术领域的另类趋势、反哲学和反主流文化等）都是对进步的反应。所有依序推进的事物都推动着终局的实现。在当前，所有明智的行动都是对愚昧进步的拖延策略。愚昧的不仅是这种进步，而是每种进步，因为每种进步都是程序的实现，都追求结束游戏。拖延和犹豫是延迟结束的唯一方法。因此，我们力争成为的不是恺撒和斯巴达克斯，而是法比乌斯·马克西姆斯②。

我们所面临的恐怖情形是，威胁着我们的不可避免的灾难是随机事件的产物。它们并不必要，因为无人意欲如此。即便是程序编写者们也会诚恳地确认，他们是试图避开这些事件的。这种情况是可怕的，

---

① 千禧年主义属于某些基督教教派正式的或民间的信仰，千禧年的到来并非意味着"世界末日"，但教徒认为千禧年是人类倒数第二个世代，即世界末日来临前的最后一个世代。——译者注

② 法比乌斯·马克西姆斯（Fábiuo Máximo）是汉尼拔战争（Hannibalic War）期间军事性不参与或施行"拖延"策略的支持者。——译者注

因为它取消了历史性思维的范畴。对于这种思维而言，"历史"是对抗世界的"精神"的运动。因此，历史是一系列有意为之的行为。历史是转化为现象的精神，是转化为现象的追求自由的行动。今天的历史并非精神的运动，而是由程序自动实现的。在程序执行的意义上，"世界历史即世界的审判者"。这样的程序不是神话性思维中的"超人类"的存在，它们是"低于人类"的。它们也非机械论思维中"客观"的，因为它们是愚蠢的，它们是在低于人类智力水平的层面上制定出的人类项目。历史把自身展现为人类，它并非人类精神的运动，而是人类的前智能时代的虚拟性的运动。

由此，我们无法通过人类智能来反抗这种前智能时代的虚拟性，我们无法支持"理性"，因为我们知道，"理性"已被纳入这种虚拟的程序。我们在两个方面都是反改革者，我们既害怕浪漫的反理性主义，又害怕启蒙的理性主义。我们知道它们都在这个程序之中，也知道它们实现的形式，即法西斯主义和装置社会。换句话说，我们知道智能中存在着愚昧之处，而人心中的愚昧又使我们无视这一点。这使我们反改革的热情具有矛盾性：我们抵制一切，我们与自由的关系完全是消极的。

这表现为我们的恐惧所具有的矛盾性。我们渴望着我们所害怕的灾难。弗洛伊德使我们意识到了这一点。灾难理论断言，"灾难"是曲线上的点，当曲线的走向改变了结构，这个点就变得不可预测。因此，我们希望能达到这样的一个点。"我们预料到意外之事"，因为我们可以预测、计算和推断那些没有这种点的曲线，以此预测游戏的结束。然而，这是荒诞的。人们之所以说没有什么"超越于灾难之外"，恰恰是因为"超越"是不可预测、意想不到，因此也无法呈现的。我们末世般的气氛与千禧年的气氛不可比较。第一个千禧年结束时，人类期待上帝之邦降临，而现在，我们却无可期待。即使是说"总会有未来"这种话，以此把恐惧客观化的做法也无济于事。"未来"是与存在有关的范畴，在灾难之外，我们没有未来。

渴望灾难（无论是直说还是暗示）是自杀式的。当所有结构都改变时，当所有的程序都被重新编排时，我们已不存在，因为我们就是那个结构和那个程序。这在马克思主义的口号"改造人类"中变得显而易见。这种改造有一个前提，就是存在未变的，即辩证法的结构。倘若没有这种结构，当号角响起时，我们不是全被改变，而是全被消灭。渴望灾难不是渴望转变（革命性的渴望），而是对死亡的愿望（悲伤的反应）——这本身就是终局的象征。第二个千禧年的终结不会像第一个千禧年终结时那样。

从"外部"看，我们的历史呈现出一种奥瑞斯提亚式（Orestia）的样子。我们是坠向自杀的英雄，这种结果因我们自身的罪行而注定。但是，从"内部"看，它呈现为一种反英雄的、愚蠢的程序的实现。然而，有什么比愚蠢的俄狄浦斯更可怕吗？

18. 我们的迷醉

人生从来不易,因为生活时刻沉浸在文化之中。文化是去异化的,也是异化的;是中介,也是掩盖物;是解放,也是制约。文化环境的这种矛盾性引发人与其所处环境之间的外部矛盾,以及人类意识中难以承受的内在矛盾。这也就是为什么人们常借酒来逃避这种矛盾。人们发明了麻醉性媒介。这些媒介是人类存在的特征,即人不仅是一种能生产工具的存在,也是一种能为逃避工具所产生的矛盾而生产工具的存在。关于"人-文化"的这种矛盾性也表现在由此产生的麻醉品上。从文化角度看,它们是毒品;从使用者的角度看,它们是救命稻草。毒品(Droga/drug)体现了这种矛盾性,即这个词既意味着毒品,也意味着药品。

作为人与文化间矛盾的结果,毒品反映了人们试图逃避的特定文化。我们从墨西哥文化的案例中能够更清楚地看到这一点。墨西哥文化显然是一种以麻醉为目的的文化,所以它也以逃避自己为宗旨,成为一种试图通过迷幻蘑菇来否认自己的文化。在当前的情况下,我们逐渐难以承受自身与文化之间的矛盾。人们在墨西哥文化那里感受到魅力,这就能解释这种情况。

鉴于其矛盾性,毒品的本体论地位含糊不清。毒品是战胜文化中介以获得直接体验的一种媒介，即它是直接的中介。因为有了酒精、大麻和迷幻药，沉醉其中的人获得了直接产生的具体体验。对清醒的人而言，这些体验是被文化面纱掩盖的。因为借助这样的媒介，迷醉者达到了"神秘合一"（unio mystica）的境界，并且通过这种境界融入具体的世界。同时，也是因为这些技术，迷醉者跃入不可言喻的境地之中。由于毒品在本体论层面具有黏滞性，所以在清醒的人眼中，迷醉者的样子令人生厌，他们的忘形之态令人排斥。清醒的人从迷醉的人身上认识到中介的歪曲性，进而试图克服所有的中介。因此，清醒的人在沉醉者身上认识到所有人类存在的歪曲，包括他自己的歪曲。迷醉者的模样令人生厌，因为我们都在他身上认识到自己。

当然，任何对于迷醉的思考都会引出疯狂和艺术的问题。我们暂且压住有关疯狂的问题，也稍后再考虑艺术的问题。这里最需要考虑的，是毒品问题在当前局势中占据的中心位置。这是它获得的前所未有的位置。显然，毒品的使用是我们正在经历的深刻变化的征候。

这是一种具有两个层面的征候，即作为问题和作为对问题的争论。作为争论，毒品出现的方式是即使只有少数人掌握了足够的信息，但每个人都对问题形成了看法："心怀好意者"谴责毒品的使用，因为它对健康（如对融入既有秩序）有害；"改革派"鄙视这种保守的态度，承认毒品可能提供新体验并鼓励幻想；"有见识的人"（阅读过有关该主题的准科学出版物的人）讨论"硬毒品"和"软毒品"之间的区别；"政治家"试图从这个争论中坐收渔利；"专家"则屈尊纡贵地给无知的大众带去启示；舆论研究机构定期发布有关毒品消费和公众意见波动的统计数据；主流媒体以令大众哗然的个性化方式解释这个议题。然而，依照我们文化中暗含的程序，毒品不断地被生产、分发和消费，完全无视所有这些情况。因此,这种争论证明,与其他领域(如原子能和生态问题)一样,当今的政治领域已经被人们跨越。换句话说,程序使这个问题的"意识"变得多余。

作为问题本身,有关毒品,我们要问的是:在当今装置的程序中,我们能发现多大程度的迷醉?它又是如何被编排的?在清醒状态下被装置编排与在迷醉状态中被装置编排,哪一种方式最有效?装置已拥有供它支配的毒品,这些毒品的效力远超我们目前所使用和讨论的范畴。其效果是,虽然许多人都知道这些极有效的毒品,但并不公开讨论它。例如,它们是可以注入配水系统的化学制品,这些成分可以保证某些特定的社会行为,或是允许媒体在潜意识层面编排讯息接收者的技术方法,或是能使那些极聪明的人、罪犯分子、造反者或运动员的特定倾向增强或减弱的药片。关于社会程序的种种难以想象的洞察,迄今是开放的。

装置可以在人们迷醉的状态下进行编程;这种做法的好处在于,其进行的会是没有任何冲突的功能主义行为。在人清醒的状态下,装置通过意识形态操纵或通过其他方式编排人们;这种做法的优势则在于,装置能够展开少受机械性困囿而更具可塑性的功能主义行为。在当前,装置会经历一个学习的阶段。通过这个阶段,它们会自动学习在特定情况下,这两种程序编排方法中更可取的那一种。我们的行为会为装置提供反馈,而装置的学习就借由反馈而展开。毒品的问题会自动纳入程序。

在任何情况下,装置运作的目的都是使社会去政治化。它们在客观层面实现去政治化,让社会意识到,每一场政治行动都无所作为;它们也在主观层面实现去政治化,让社会的批判能力陷入迷醉。这些去政治化的功能就像一把顽强的钳子,粉碎了人类生活中的政治层面。

毒品问题处于装置运作方式中的主观层面，这是使人的政治意识迷醉的另一种方法。

装置之所以是去政治的，因为它们占据了所有的公共空间。它们把共和国私有化，把所有行动都扭曲为功能主义。然而，毒品以一种特殊方式实现去政治化。吸毒者拒绝涉足公共空间，而是会退到私人空间。吸毒是一种把共和国推开或拒绝的姿势。正如功能主义那样，这不是一种非政治的姿势，而是一种反政治的姿势。吸毒者不仅不参加选举，而且还投票反对选举。吸毒者的姿势并非退出游戏的游戏者姿势，而是洞穿游戏的游戏者的姿势。这就是为什么对装置来说，毒品是一个问题。吸毒者从公共广场中迁出不是为了在装置中发挥作用，而是为了从中移除自己。装置面临的问题是如何重新得到他们。

此外，还有更严重的问题。吸毒者的姿势虽是否认共和国的姿势，但这种姿势却是可以公开的。这是一种抗议的姿势。在这方面，它类似于一种自杀性的姿势，即它公开地彰显"置之度外"——不仅在共和制机构"之外"，还在装置的"之外"。这是一桩公开的"丑闻"，因为它展示了战胜装置的可能性。因此，从装置的角度来看，它推动毒品被编排并转化为一种装置的功能，因为这是一个技术的问题，装置能很容易地解决它。

然而，当涉及一种被称为"艺术"的特定毒品时，问题就变得更复杂了。毫无疑问，艺术是一种"毒品"，一种用来安抚直接经验的媒介。艺术是一种工具，人们用它来逃避自身难以忍受的文化中介的矛盾性，走向所谓的"更好的王国"（舒伯特在《致音乐》中分析利德歌曲时所说的）。每一种毒品都具有本体论层面的黏度，这也是艺术的特征。如果我们思忖"人造艺术"和"艺术的人工制品"这两个术语，就能认识到这一点。然而，艺术也具有其他毒品所不具备的特点。艺术作为人与直接体验的中介,同时也逆转了这种中介行为,使直接体验变成"被表达出来的东西"。这个过程就是文化方向的中介。艺术让不可言喻的事物变得可言,使无法被听闻的事物变得可闻。在艺术中,文化的撤退成为朝向文化的迈进。艺术家是一个从文化中迁离并以此重新进入文化的迷醉者。对于装置而言,获取这种姿势并不容易,这样的姿势是必不可少的。

这是一场旨在"超越"公共空间而进入私人空间的运动。它抓住一块私人空间(一种"直接体验"),以一种编码形式把私人空间掷过公共空间。我们可以用几种方式来解释这个姿势:它是一种收集"噪音"并将其转化为"信息"的姿势(这是一种装置似的转译);它是一种将"体验"转变为"模型"的姿势;或者是把"幻影"变成"符号"的梦想家的姿势。我们想要如何解释这个姿势并不重要,因为它总是一种姿势;也正是因为它,文化才会接触直接体验。艺术是文化的感觉器官,通过艺术,文化吸收直接体验的具体性。艺术那矛盾的黏性本质上是整个文化所具有的矛盾的黏性。

然而,这种对艺术的(贸然的)本体论分析当然不能证明人们把艺术家奉若神明的做法是合理的。艺术创作并非"无中生有"(ex-nihilo)的创造,也并非为满载而归而潜入虚无之境的姿态。它潜入的是私人的领域,并且公开了这一领域,但私人的东西是被压抑住的公共的东西。尽管如此,艺术仍然是一种魔法。当它把私人的东西公开时,当它"把无意识变成意识"时,它成为直接体验的中介,成为魔幻的技艺。因此,姿势的观察者不会把这种本体论上的黏性视为一种可憎的景象(就像其他毒品一样),而是将其体验为一种美。文化不能摒弃这种魔力,因为没有这个新信息的来源,无论在本体论上如何猜想,文化都会陷入熵。

在当前的情况下，装置不能简单地获取艺术的姿势，并将其转化为功能主义。如果装置要促使这种姿势陷入迷醉，其自身就会因缺乏新信息而变成冗余。当装置获得了艺术的姿势时，它们会陷入不可使用的境地，处于一种空转的状态。当前，装置正在认识这一事实，而且它们是自动去进行这种认识的。然而，实际上，在获取艺术姿势的过程中，装置就已经陷入熵的状态。值得补充的是，艺术的姿势并不局限于那个被装置称为"艺术"的领域。相反，这种神奇的姿势出现在每个领域，包括科学、技术、经济和哲学领域。在所有的这些领域中，都有那些为艺术而迷醉的人，即那些公开私人体验并创造新信息的人。从装置的角度来看，一方面，如果它们想要重新编排姿势，仅获取所谓的"艺术"是不够的，还必须在功能主义的每个领域内都这样做。这意味着功能主义的每个领域都被清空。另一方面，装置也不能持续处理魔幻的姿势。这种姿势成了装置的麻烦。

这种姿势之所以能成为装置的麻烦，是因为其推动了再政治化。虽然在第一阶段，它是反政治的，但在第二阶段是非常政治化的。事实上，严格来说，这是唯一在政治层面有效的姿态。公开私人体验是共和国内唯一能够有效表明其转型的做法，因为它是唯一能赋予信息的方式。然而，在包容这个姿势时，装置就会使其去政治化的功能陷入危机。

目前，我们还无法预见装置如何解决这个问题，即它们会选择自己的冗余，还是选择通过人类对直接具体经验的开放性来获得其作为自身的永在的可能性。在今天尚举棋不定的形势中存在着脆弱的希望，即在不可预见的未来，我们能通过一场不可预测的灾难重新控制装置。

19. 我们的学校

    学校是我们来自前工业社会的遗产,它的名字是"scholè",意思是"休闲"。学校的反面,即"ascholia",意思是"谈判"或"商业"(对闲暇或休闲的否定)。学校的特点就在于这种对积极生活的蔑视和对沉思生活的偏好,它是沉思不朽思想的场所,是理论之域。因此,学校是生活的目标。在由三个层次组成的生活分层结构中,学校居于顶端;金字塔的底部由女性和奴隶的经济生活构成,它控制着"生产—消费—生产""工作—疲劳—工作"的永恒回归;中间层由自由公民的政治生活构成,层级内部控制着船头(bios,即生活)的直线性前进(进步),包括从将要实现的想法到要被理想化的现实的进步;然后贯彻到行为,即去实现思想和将现实理想化。最高的层级由沉思的生活和学校构成。在学校里,哲学占据主导地位。

    经济生活是私人的,即经济生活中的想法是不公开的。这是一种"愚蠢"的生活,因为"愚蠢"等同于"保持私密的人"。政治生活是公共性的。在这种生活中,人们的作品要投放到市场,以便公开交换其他作品。沉思的生活则通过思想之域寻求知识。经济只为政治提供基础,而政治只为哲学提供基础。经济生活准许"所有者"处理空闲时间,以此保障行为的实践。这使得哲学家精英们能够批评这些行为中存在的、尚未被完全实践的思想。总而言之,政治的目的就是学校。生活在学校层面的哲学家即社会之王,他们是在中世纪指导社会行为的"经院学者"。神职人员的学校是优胜者的学校。

工业革命使学校变形,它扭曲了理论的原意。在此,理论不再是对不朽想法的沉思,而是对更合乎需要的想法(模型)的阐述。学校生活不再是一件关于沉思的事,它不再是政治生活的目的,因为理论成为一门为积极生活而服务的学科。生活形式的等级制度被重新制定。学校成为一个为权力服务的知识性场所,一个为积极生活而做准备的地方。因此,社会不再为知识(沉思和祈祷)而存在,而是为(工业上的)行为的实现存在。于是,在现代,这种被扭曲的学校成为创造科学和技术的地方。它为工业服务,为机器的拥有者与政治决策服务。这解释了学校如何被划分为三个层次:旨在训练无产阶级的初级学校,旨在培训行政管理人员的中级学校,针对资产阶级精英、对作品的进步负责的高等学校。

这种现代工业化的学校目前正经历危机,它正变得多余、失效和反功能化。学校之所以多余,是因为装置编排社会功能主义时所用的方法优于学校处理的方法;它之所以无效,是因为现代学校的结构不适合当前知识和生产的结构;它之所以反功能化,是因为现代学校在占据主导地位的传播科学系统中运行不佳。这就是为什么我们能在任何地方,尤其是在提供高等教育的学校里看到寻求重构学校的尝试。目前,我们迫切需要的不仅是重新思考学习的意义,更重要的是重新思考理论的含义。

这种工业式的学校有两个明确的目的:它将信息传递给工业进程的未来代理人,同时生成那些能推动产品逐步改进的信息。但是,这两个目的在当前都是多余的。信息可以被传递给人工记忆。与传给人类记忆相比,这能带来更大的收益,因为控制论的记忆系统存储信息的速度更快、储存的信息数量更多。希望编排人类、使人类与计算机竞争的期望是不合理的。与用人类大脑生成信息相比,由控制论式的装置生成信息的做法能取得更多的收获。那种为了用输入其中的信息生成新模型而被编程的装置能够更高效地运作。与人类记忆相比,人工记忆还有另一个决定性的优势,即人工记忆能比人类记忆更好地遗忘。模型的有效期变得越来越短,更好的模型以越来越快的速度取代以前的模型。因此,那个已被学习的模型必须被遗忘,以此来为新模型腾出空间。同时,我们需要对专业人士进行循环利用,因为控制论的记忆可以通过简单删除先前的信息来实现回收利用。总而言之,工业式学校是多余的,因为人工记忆比人类记忆学习得更好、思考得更好,也忘记得更好。在人的编排中,必须存在其他的目标。

工业学校是基于现代科学技术话语而组建的,它由各个分支组成,每个分支都处理一个特定的事项。因此,学校中的物理学分支负责处理无生命的物体,生物学分支则负责处理有生命的物体。然而,学校的结构中有两个例外,即逻辑的分支和数学的分支。它们并不处理材料,而是处理方法。同时,它们以一种恼人的方式跨越了学校中所有的其他分支,因为科学和技术的结构已经不再遵循学校的结构,新的"形式的""非物质"的学科,如信息学、控制论、决策论和博弈论,正被建立并成为人们兴趣的中心。这些学科不再符合工业式学校的课程安排,因为它们把其分支交叉起来。工业式学校失效,是因为它的结构不再能反映后工业知识的结构。

工业式学校要求讯息接收方向讯息发送方的位置移动,这与当前的信息传播结构直接冲突。今天,这些讯息朝向接收方入侵他们的私人空间。学校的传播是剧场型的,当前的媒体则如圆形剧场型般投射讯息。这种工业式学校是大众传播海洋中的一座古老的岛屿，它是反功能的，因为其功能与讯息的流向相反。

所有这些内容都引导我们想象未来后工业式的学校，它将是一个圆形剧场，向未来的程序分析师和程序编排者投射信息，而这些信息将在装置功能中发挥作用。例如，它是一个有线电视系统，它投射集合论而不是数学用表；投射英语的句法规则，而不是投射英语词汇。未来的功能执行者能够分析或编辑计算机和文字处理器，但不能计算或说英语。因此，未来的学校将不再为机械思维的功能编排社会（智能装置可以更好地执行这一点），而是为分析和编程思维的功能来编排社会。

这意味着学校的社会地位会发生转变。在前工业社会，学校处于等级制度的顶端；在工业社会，学校处于中层；到了后工业社会，学校将处于最低层。实际上，这是学校的终极堕落，即学校成了为功能执行者的编排而提供的场所，这些功能执行者存在于循环功能主义的装置之中。用柏拉图式的术语来说，学校本是哲学之境；在现代社会中，它成为积极生活的场所；在未来，学校会成为永恒轮回的经济奴役之地。根据这种重构学校的轨迹，人人即将为奴，社会走向极权。

然而，在围绕学校的争论中，新信息的问题重新浮现出来。这就是在前一篇文章中被称为艺术的"毒品"。面对极权主义社会陷入熵的威胁，未来的学校必然要对直接体验敞开大门。其后，装置编程所面临的困境将再次出现。对此，我们有两种选择。一种选择是，未来的学校按如上所述的方式运行，即学校编排功能执行者，使他们去编排程序。在这种情况下，即使这些程序是新信息，但在功能执行者眼中，它们也只不过是可用信息的排列组合，装置在此刻产生一次停顿。另一种选择是，学校允许信息接收者从学校退回到他们的私人空间，并从那里发布有效的新信息。在这种情况下，装置就可能被新型学校的成员们挪用。

富有创造性的迷醉,即艺术,涌现在每一个学科中。人类所知、所创和所经历的一切,都能变成美,只要我们通过潜入私人领域而为它赋予信息。如果从私人空间射出的箭是艺术的产物,那么每支箭都是美丽的。也就是说,这是一种对具体体验的公开化。这些箭是美的,在空气动力学的意义上是"正确的","适合"狩猎。它们将是"艺术作品"。正是在这个意义上,人是一种"沐浴在美之中"的存在(席勒语),而"美善合一",即善是美的智慧,是最高的知识。未来的学校如果不冒着自身陷入熵的风险,就无法在其观照的所有学科中阻挡这种对美的开放;它们如果不冒着自身被人类战胜的风险,也就无法包容这种开放。

工业式学校通过建立艺术学院避开了这个已呈现出来的两难困境,这是旨在创造艺术家的机构。也就是说,所谓的"艺术家"只是具有适合人类的政治和认识论维度的"跛子",其他层面则被切除了。与这些机构相反的是提供高等教育的科学和技术学院,它们旨在切除人类的审美维度,并创造出纯粹的科学家和技术人员。因此,可以说(尽管尚有疑问),工业式学校设法压制了创造力的问题,即它们把艺术圈禁在一个被神化了的隔离区,进而创造出丑陋的人类环境。这个环境成为历史仅有的文化的形式——我们只要看一下 19 世纪的工业城市就明白了。

然而,工业式学校的这一策略是错误的,因为装置消解了美学维度的孤绝与纯净。它们以工业"设计""媒体艺术"和政治科学的形式取得了"艺术",就好像这些真的是"艺术"一样。"纯粹的艺术家"变成了过时的人。真、善、美的原始统一也被装置重构。但在此,这种重构是专业技术形式下的重构。通过这种策略,装置试图恢复那个能威胁到它们的、人的创造性的维度。未来的学校会是一个技术学院,它们是培养为装置服务的创造力的学校。

从装置的角度来看，这些学院是模糊的，它们必须阐发正式的学科，即必须提供一种下层结构的视野。这是一种"理论"，此处的"理论"更接近于它古时的意义。柏拉图式的学院要求学生们学习数学和音乐方面的知识，这些都是正式的学科。未来的技术机构则需要信息学、控制论、集合论和博弈论等方面的知识。它将为学生提供一种关于装置及其功能主义的"富有讽刺意味"的撤退。这种理论层面的距离是一种进入直接体验的邀请，一种对"哲学"的邀请。换句话说，在装置的背后，未来学校的学生将超越装置——他们会把装置视作一种游戏，他们会游戏自身学到的规则，他们将超越功能。这不是像电影制作者超越胶片那样的超越，而是像哲学家超越整个城邦那样的超越；他们在理论层面和具体层面都将超越装置。因此，技术性学院可能辩证地成为柏拉图意义上的学院，它们可以完成艺术所特有的黏滞的本体论转向。

这种转向如果完成，学校便也将实现根本性的重组。这种重组并非出自装置的意图，而是成为对话式的，即它将不再谈论"关于"，而是"与"；形式（下层结构）将不再是主体，而是成为主体间的策略；学校的成员将不再被编排，而是将成为对话式的装置编辑者；他们将不再编写程序，而是编排装置本身；他们将过着跨装置的生活。与此同时，极权主义社会将以超乎想象的方式成为一种"民主"的社会。

那么，这是一个人人都是国王而非奴隶的学校吗？当然，这是一个尚在远方的机会。然而，这个机会也是包含在装置程序中的一种可能性——装置要在它的新学校里把我们变成自动化的人。在此之前，这种可能性能够在随机中实现吗？答案是肯定的，因为这两种虚拟的可能都在程序之中。在这个决定性的时刻，程序是矛盾的。在此，犹豫、踟蹰的策略并不完全是消极的，因为推迟迈向自动化的进程能够为时空在偶然间的民主化转变留出机会。

20. 我们的关系

今天，我们倾向于把包围着我们的世界视作一个充满关系的环境，而不是像过去那样，将其视作一个对象或过程。世界正在逐渐从"情况"或"事件"转变为"领域"。这种转变不仅意味着知识模型的转变，我们的体验模式同样在发生变化，即我们正体验着作为网状物的环境。当我们体验周围的社会时，这种网状特征就更加明显。

在我们的体验和理解中，社会越来越像一种关系网。因为这张网，我们是且仅仅是我们自身。无论我是什么，我都处在与他人的关系中。如果我能认为自己是"我"，那是因为别人呼唤我为"你"：对我的儿子而言，我是"父亲"；对我的雇员而言，我是"老板"；对我的读者而言，我是"作家"。所有对我在世的定义都构成类似的关系，它们使我附着于社会之网。抽象来看，如果我设法"悬置"每一种定义，那么我其实会无法发现任何可以被称为"我自己的本质"（灵魂、身份）的绝对核心。但是，也许我会发现，"我"这个术语指代一种想象性的悬钩，上面挂着我作为我的关系。我会发现，一旦我附着在社会网络上的关系被抽象化处理，我就完全成为"无"。有关关系的认识不仅意味着我们发现了对象和过程中的真空，而且最重要的是，我们发现了世界中存在的真空。

因此，这种关系本体论似乎导致了一种利他主义的伦理和行为，即如果我的一切都是把我联系在另一方身上的关系，如果我意识到这一点，那么似乎我将在他人的功能中行动。如果代词"我""你""我们"和"你们"不是作为人的名字，而是关系的话，似乎这种意识在主体间性的意义上将成为"政治化"的，因为主体间性意味着每个人对他人负责，也由他人负责。这似乎是关系本体论的结果，因为"关系"包含主体间的对话和问答交换的可能性。关系本体论通过"超个人主义"的利他主义来"战胜"个人主义的利己主义。

事实上，这显然不是正发生的事情。相反，我们正目睹一场大规模的去政治化活动。我们对于关系式本体论这一惊人结果的解释，基于一种支持"领域"这个概念的模型。这是一个动态的复杂模型。家庭体现了该模式的运作方式，因为家庭被视作"父亲/儿子""丈夫/妻子""岳父/女婿"等类型关系的组合。这些关系是共同指示的，而且能够形成分支。"父/子"关系暗指出"祖父/孙"关系；"兄/弟"关系出现分支后，就形成了"叔叔/同辈表亲"关系。作为一种关系的结，家庭也与其他结联系在一起，形成动态的、不断变化的社会结构。每一种关系都具有无尽的情感、文化、经济、政治、生物和伦理层面。总之，家庭是一个永远无法被完全解释的暗箱，只有当我们聚焦于它的输入和输出上时，才能理解家庭。在这之后，它便成为控制论层面的可操纵之物。

这些认识同样适用于所有其他的社会类别，无论是"阶级"还是"人"。它们也是在排列游戏过程中形成和解散的关系结，在游戏中随机出现，成为游戏继续下去所必需的一部分。一旦社会性游戏内含的虚构情形被耗尽，社会就会分解，这些结就会散开。这就到了游戏的最后阶段，即熵的阶段。此时，社会会变成一个无组织的团块。因此，"领域"这个概念的下层模型并不意味着利他行为，而意味着游戏行为；它体现的不是"政治意识",而是"社会性技术和政治科学"。

因此,我们不仅把社会视作一个可操纵的、超越性的游戏,我们自己也正是这样生活的。随着游戏的推进,我们把社会关系体验为具有因果关系的遭逢,这使得社会结构极具活力。在社会环境中,我们在不负责任的加速中移动着,也是在这种移动中,碰到越来越多的"他者"。这种地理、经济、信息、智力与感受层面的社会流动使我们变得更丰富,因为我们参与了更多的关系。与此同时,这种流动性越来越清晰地揭示了关系所聚焦的那个核心的虚空性。我们在社交游戏中扮演着越来越多的角色。同时,我们也清楚地知道,这些角色是覆盖着"无"的面具。

社会生活的这种不负责任的丰富向我们展现了"自由",我们可以自由地捆绑和解开无数的关系。这些关系也变得日渐松散,因为它们总是日益清晰地表明,在根本上它们并未束缚住任何东西。因此,我们之间的关系日益丰富,但这种日益增长的"自由"也伴随着孤独感。社会性游戏成为一种荒诞的游戏。

原因在于,"领域"模型把社会去神话了,它去除了社会神话性和历史性的维度,即去除社会有关存在的层面。如果我们思考"忠诚"这个概念,就能清楚地体会到这一点。这是一种典型的终极目的论式的思考。社会远不是一种关系游戏,而是以魔幻和神话的形式呈现为一种命运共同体。我们可以区分两种类型的关系:一种是先决性的,另一种是自由建立的。人被命运掷入先决性的关系中(家庭、民族、阶级),人也会自己建立关系(在爱情、专业、友谊中)。

这并不是说自由建立的关系破坏了命运的设定。相反,它们生成于承担命运的姿态。当一个男人和一个女人相遇、相爱,这种明显的偶遇被视作命中注定。从相遇中升华出的关系(如婚姻)既是命中注定的关系，也是自由建立的关系，因为它的基础是忠诚。忠诚是命运的自由选择，即"爱命运"（amor fati）。忠诚是自由的基础，没有忠诚就没有自由。

当前，忠诚的概念竟然变得陈旧而可笑了，它出现在低俗电影和煽动性演讲中。然而，在中世纪，忠诚构成社会的重要内容，它把骑士与统治者、大师与艺术、农奴与领主、门徒与掌门人联系在一起。最重要的是，忠诚将男人和女人连接在婚姻中。现在，这一切都只是煽动的行为。我们并不忠诚，我们只是玩伴，是桥牌游戏、性游戏和功能主义游戏中的伙伴。如果让我们希望对自己正运作于其中的装置保持忠诚，那是荒谬可笑的。忠诚是人的关系，但装置不是人——没有什么是人。这么说来，桥牌搭档或婚姻伴侣甚至也不是。一切都是装置、是暗箱。我们的"领域"模型是关系式本体论的结果，它排除了"人"的概念。我们无法体验忠诚，甚至无法想象忠诚。这意味着我们无法在存在的层面上获得"自由"。

这就是为什么我们中的大多数人甚至不会愤怒于自由的匮乏。少数几个意识到社交游戏荒诞性的人发明了忠诚的替代品，即所谓的"约定"。约定可以提供一种自由的感觉。这少数几个人认识到，自由是承担责任的姿势，是把意义赋予社会游戏的唯一策略。与忠诚一样，作约定要负责任，要为了某种特定关系牺牲可用的选择和社交流动性。但是，忠诚与约定有根本上的区别：约定建立在有意的决定上，而忠诚是自发的。没有人会决定去忠诚，忠诚是始终保持着的。用古语来说，订婚是没有爱的忠诚。因此，用约定替代忠诚的做法不仅是我们无法在存在的层面上获得自由的征兆，更是我们无法获得爱的征兆。约定是承担非个人关系的姿势，即我们不是与他人（人或上帝）接触，而是与某些"物"（思想、行动、运动、意识形态）接触。

与信任一样，忠诚是宗教范畴内的概念。拉丁语单词"fides"同时可以表示这两个意思。忠诚是信仰的主动方面，信任是信仰的被动方面。换句话说，我对上帝、妻子和朋友忠诚，是因为我信任他们。因此，在信任危机之下，我无法保持忠诚。但是，我可以在没有信任的情况下达成约定，因为约定是有意的行为，它牺牲了批评性的距离。与一些人的想法相反，约定不在宗教范畴之内。它是一种牺牲性的姿势，即明知物是荒诞的，却仍试图给荒诞之物赋予意义的行动。约定是一种游戏者的姿势，是一种刻意为之的策略。

然而，在有关我们社会性存在的分析中，人们没有揭示整个真相。根据新的关系本体论，我们认识到自己是由各种关系汇聚起来的虚空存在（无论是投向外部的"意向性"，还是来自外部的"意向性"），这意味着人类存在的一个新开始。如果我们知道自己是虚空的，如果我们具体地体验自身，那是因为我们是开放的——我们向死亡和虚无敞开。与前几代人相比，这种敞开具有更根本性的意义。那种侵袭我们的荒谬感构成我们存世之在的基础，它不仅把我们变成游戏者，也把我们投向死亡。然而，"领域"的模型（暗箱）并不一定是唯一可以用来理解我们存世之在的模型，还有其他的模型可供选择。

因为知道自己是开放的存在，因为我们以向虚无敞开的方式去体验，所以我们能够感知他人的敞开，并在他人的敞开中认识到自己的敞开。虚空吸收了我们的意向性，并向我们投射出自己的意向性。也正是得益于这种敞开，我们能够比前几代人更好地在别人身上认识到自己面向死亡的荒诞的孤独感。当然，这不意味着认识到他人作为"人"的存在，而是从他人身上认识到我们自身的虚空。如果能建立这种偶然而珍贵的相遇，我们就会被一种独特的迷醉充斥，即我们在他人身上认识到自己的死亡。这种迷醉类似于所谓的"艺术"这种毒品能提供的迷醉，这是一种"爱的艺术"（ars amatoria），其潜在地与"死的艺术"（ars moriendi）相连。正是因为我们的生活是荒诞的，我们无法去信任和忠诚，我们才会向这种令人迷醉的、珍贵但"具有改变潜力"的相遇敞开。在这种相遇中，面对死亡的孤独变成人们共担的孤独。

这启示我们去思考一种关于他人的经验与知识的模型。这个模型基于虚无。它不像过去的模型，而是一种终局模型。在这个模型中，人不是想改变他人，而是被他人改变。这并不是一种"政治的"（历史上"政治"这个术语的意思）、试图改变社会的模型。相反，它试图理解个人在这种相遇中产生的变化。然而，我们并不能因此而认为这种模型是"私人化"或去政治化的。相反，这个模型让我们可以瞥见一种新的社会关系，它基于我们对人类存在的荒诞性的认识。

谈论这些方面总体上是令人不适的，因为它涉及一些具体的、难以清楚言说的体验。然而，这不正是"爱的艺术"所特有的吗？就像所有的艺术都在努力表达那些难以言说之物。因此，在我们明知自身处境荒谬的情况下，我认为这种爱的艺术是我们所拥有的、唯一能用来回应脚下深渊的答案。这种艺术不是刻意为之的，而是自然而然产生的。我相信这是唯一能替代自杀的力量，因为它是在他人那里自杀。

21.　返回

　　在所谓的"发达"世界里,工业社会正在向后工业社会过渡。与此同时,大部分人正在经历工业化的几个阶段。在第一世界中,建立在文本基础上的线性历史思维正受到由后文本编码(如技术图像)构成的思维的挑战;在第三世界中,人们正在努力提高成人识字率。在西方社会中,历史的和政治的意识正让位于一种仍然难以名状的新型意识;非西方社会则正在寻求政治化(有时是暴力地寻求),并投身于历史。当前时代的标志是一种差异性,即我们已建立的社会形式、思想结构和意识水平之间的差异。

　　然而,这并不是说几个差异性阶段同时存在。例如,把当前伊斯兰教的复兴与16世纪的西方文艺复兴进行比较,将霍梅尼与萨伏纳罗拉进行比较,这都是错误的,因为所有我们当前建立的阶段都是互映的。霍梅尼就是与从控制论角度控制石油管道同步的萨伏纳罗拉。这种两个阶段的重叠悲哀地表现在第三世界精英的意识上。如果这些精英运用历史模型来认识当前的情况,他们就会发现,操纵着新殖民社会的决策中心是空的,并感受到控制这些事件的挑战;如果情况相反,他们应用后历史模型,就会发现这种政治意志的荒诞性——他们知道自己会被他们所瞄准的装置编排。差异同步的悲剧在于，第一世界通过将历史变成一种游戏而清空历史，随后清空了第三世界的未来。然而，第三世界的精英们现在可以"具体地"观察到，倘若他们取得"胜利"，会产生什么结果——不是社会解放，而是装置极权主义。如果他们认为可以避开第一世界，他们就会发现没有其他的选择比这个更好，因为他们每个人都在程序之中。

如果我们区分两个常被错误混淆的概念，即"新的"和"年轻的"，就能理解当前社会与意识不同阶段的时钟。第一世界的特点在于新的事物涌现。与第一世界相比，第三世界是一个年轻的社会。在第一世界中，出现了前所未有的具有新思想、新行为和新世界观的新人。第三世界社会的标志则是年轻。第一世界是高龄的，因为它已经历第三世界目前正在经历的阶段；第三世界是古旧的，但它仍没有达到第一世界所处的阶段，而是正重复着第一世界已完成的阶段。第三世界是古旧的，这种古旧即"古希腊人"的意义上的古旧；第一世界是颓靡的，这种颓靡即希腊文化和古希腊人的意义上的那种颓靡。第三世界拥有尚未实现的虚拟性，其已实现的情况虽然很贫乏，但虚拟性却很丰富；第一世界则已在很大程度上实现了虚拟性，其在现实层面是丰富的，但在虚拟的层面却是贫乏的。今天的年轻社会的悲剧在于，它们实际上是古旧的，其中的新事物的悲剧在于，它是旧事物的重现。

人们对当前场景的粗浅认识可能会促使他们相信，年轻的社会比年迈的社会更有活力，因为它正在发展。这是一个错误的认识。在年迈的社会中出现的新事物是一种意识，即活力只不过是实在的一个维度，而过程只不过是结构的一个维度。年迈的社会比年轻的社会更有活力，正是因为前者已经克服了发展。历史只不过是后历史的一个维度。从历史的层面而言，年迈的社会比年轻的社会经历更久。这两个社会的区别并不在于年轻的社会有更多变动。这种不同在于：年轻的社会想要创造历史；年迈的社会已拥有历史，它不再想创造历史，而是自动生成历史。年轻的社会处于历史之下，希望渗透其中；年迈的社会已与历史相融，它想要超越历史。年轻的社会面对的问题是尚待征服的未来；年迈的社会面对的问题是已实现的未来，即死亡。年轻的社会寻求自我实现；年迈的社会则面对实现的终点，即死亡的实现。在当今，年轻社会的悲剧在于，它有可用的模型，这些模型在形式上指向每一个要实现的目标，即耗尽每一个虚拟情形，走向熵，走到死亡，但其中的新奇之处正是年迈的社会在它的程序中耗尽了年轻社会。换句话说，年轻的社会邻近线性时间的源头，新事物则指向时间的原点。在原点处，线性结构只是时间的一个维度。目前，新的事物正在浸染年轻的社会。

因此，目前受人瞩目的年轻世界与年迈的世界之间的争执，只不过是每个人的意识或潜意识之中的深层次争论的外化。"年轻的"和"新的"之间的边界，不仅把社会划分为"南方"和"北方"。更重要的是，它分裂了当今世界里每个个体的意识，无论这个人是非洲游牧民族的成员，还是美国或俄罗斯的官员。今天的精神分裂不仅仅是集体性的，也是我们所有人的个体特征。这并不是说发达地区已经"战胜"了历史，因为历史对于它们的重要性甚至超过那些希望被政治化的地方；这也并不是说我们中较不发达的地区需要后历史意识，需要物化操纵的意识，因为他们自己就是这种操纵的受害者，其受害程度甚至比发达地区的人更为深重。当前时代的特点是，前历史、历史和后历史的同时化碾压着每个人的经验、思想和行为，我们都因此迷失了方向。

当我们认识到"年轻的"和"新的"之间的区别，我们至少可以甄别两种困扰着我们的问题。年轻社会的问题事实上是老问题，如所谓的增长问题。我们已经有模型能应对这些问题。同时，诸如程序等新事物出现了，我们没有可以用来解决这些问题的模型。因此，新问题是可能导致全人类毁灭的东西，即终极物化。导致全人类毁灭的不是"增长程度的局限"，而是"被程序化的增长"；不是枯竭，而是回收利用；不是人对人的压迫，而是核战争对全人类的压迫。威胁着我们的不是年轻社会，而是新涌现的事物。

新事物是可怕的，这并不是因为它们具有某种样貌，它们是那样的不同——它们因新而可怕。那些出现在我们周围、穿行在我们中间的新人使我们害怕，因为我们不能与他共情（从"共情"这个词的确切意义上说）。我们不能与他同频震动，他的姿势并非我们的姿势，他的模型与我们的模型也不一致——我们无法理解他用以象征世界的编码。同时，到目前为止，我们也都是新人，我们无法与自己共情，我们也并不协调。我们内部正发生着前所未有的战争——作为新人，我们反叛我们自己。就好像我们每个人都在经历一种痛苦，这种痛苦有时发生在致命疾病的最后阶段，有时则发生在新生阶段。新事物是可怕的，而我们自己就是新的。雅典娜撕裂宙斯的头而降生，我们正如那时的宙斯。

新物的激增使旧物崩解。历史在千禧年建构的所有大厦都在倾塌。家庭、阶级、民族，科学、艺术、哲学，价值观、目标、信仰，我们在哪个领域寻求可依靠的旧事物根本无关紧要，因为一切都被新事物沾染了。在所有这些庄严的结构中，由程序编排者编排出的装置正在冉冉升起。当然，到现在为止，我们已经足够新。为了不因那些可敬的旧物的消失而哭泣，我们不再尊敬它，而往往蔑视它。我们去神话化的目光已变得赤裸裸。即使是这样，我们也无法欢迎新的事物，因为对于承担它们而言，我们还是太老了。我们憎恨新事物，憎恨它们否定我们所立足的土壤，憎恨它们侮蔑我们历史文化的最高价值，即侮蔑人类主体的尊严。

出于良心，我们既不能融入新的，也不能加入旧的，因为两者都排斥我们，但我们能避免这场仅发生在自己心中的冲突。我们可以从竞技场里退一步，回到冲突的原点。简而言之，我们可以拒绝每一种历史性的参与和装置中的每一种功能主义。当然，我们永远无法完全地实现这种撤退。正如象牙塔在建造和维护的层面上都是价格昂贵的"第二住所"与"郊野别墅"，它们将在注定发生的地震中倒塌，就像所有建筑物和庇护所都将倒塌一样。然而，在古希腊和古罗马时代末期，也有几座修道院在新事物的入侵中幸存下来。多亏了它们，文化作为一个整体才得以幸存。因此，返回基地不是为了让撤退者存活，而是为了人的幸存。这是根据我们（作为幻想破灭的西方人）被编排着为"人的幸存"这个词组赋予的含义。

这个返回的决定意味着用大众的孤独换取灯塔守卫者的孤独，换取私人空间里的孤独。在这个空间里，具体的基础会重现。因此，私人的孤独不是耕种自己花园的人的形影相吊，而是神在先知面前显现时的孤独。我们这里谈到的返回是撤退到私人的空间。在那里，至少我们可能会滋养出体验具象并把它们表达出来的希望。因此，我们要回到那个有可能公开的基础之地，回到一个可被公开的私人之境。

前面的所有文章都试图捕捉政治中个人经历的这种转变。这些捕捉有些是明确的，大多数则是隐晦的。但是，它们实际上没有捕捉到这些转变，从具象存在到必然抽象的符号的跳跃具有棘手的黏性。然而，尽管这些文章失败了，我仍然相信有必要将它们写下来，并在我们身处的境况中写。我仍然相信，对于因足下土地之崩裂而遭受切肤之痛的人来说，唯一有尊严的态度是寻求恢复与具体经验之间那已然失去的联系，然后去寻求表达那些难以名状的东西，寻求一种面对直接体验的中介。

我们目睹的是整个社会的终极异化。这是一种集体性的疯狂，即使是在精神病学的意义上也是这样。在疯狂之后到来的，是疾驰的愚昧。当然，我们无法战胜这种疯狂的愚昧，我们都是受害者。但是，我们可以诊断出它（尤其是在我们自己内部的诊断中）。这种诊断要求我们在一种能洞穿"自我"的自处中，对自己进行批判性的讽刺，并与那个为自己表演出的自我保持距离。我找不出任何其他能为未来人类的立场重建根基的方法——无论这些行为是什么。这种重建要在正建立的、被编码的世界里，重新扭转意义的向量，从而为我们身处的荒诞世界赋予意义。这首先意味着为荒谬本身赋予意义，然后通过公开化，为我们的"向他人而在"（estar-para-o-outro）赋予意义。在这种情形中，我找不到其他政治性的立场是"给予"我们的。

后历史正在升腾，它以两种形式升起：一种是编程装置的愚昧，另一种是装置的野蛮破坏者的愚昧。然而，在这种放纵的异化浪潮中，我们仍向一个具体的真实敞开着。在今天，我们以死亡之孤独的形式来体验这种真实。这种真实不仅体现为我们自身的孤独赴死，也体现为通过自身体验，我们体会到他人死亡之孤独。尽管潮水包围着我们，吞噬着我们，我们仍然敞开，在他人中承认我们自己。当然，这个过程不再处于社会之中，而是处于自我的孤独中。在这种双重否定的意义上，我们向爱敞开，而"爱征服一切"（onmia vincit）。可以肯定的是，我们被编排为"游戏的人"。但是，这并不一定意味着我们只能被编排为自动化的功能执行者、被编排为物，我们也可以成为游戏者，在他人的功能中游戏。因此，我们可以从后门通过，从"成为机器人"到再次成为"上帝的形象"，以此打破异化的象征符号，回到我们在他人那里死亡的具体经验之中。总而言之，就是返回为人类。

与本书有关的评论文章

即将到来的时刻：威廉·弗卢塞尔的历史性与末世论

罗德里戈·佩特罗尼奥（Rodrigo Petronio）

弗卢塞尔的这部著作写于1978—1979年，1983年由 Duas Cidades 出版社首次出版。《后历史：二十篇短文与一种使用方法》（以下简称《后历史》）在弗卢塞尔的所有作品中占据独特的地位，因为它的主题是整体贯穿于作者思想体系的一个概念：后历史（pós-história）。读者们能在《最后的审判：世代》（*O Último Juízo：Gerações*，1966）、《自然：心灵》（*Natural：Mente*，1975）、《暗箱哲学》（*Filosofia da Caixa Preta*，1982），尤其是《表象的礼赞：技术图像的宇宙》（*Elogio da Superficialidade：O Universo das Imagens Técnicas*，1983，以下简称《表象的礼赞》）中读到相关阐释。这一概念还出现在弗卢塞尔后来的作品集《编码世界》（*O Mundo Codificado*，遗作）与《写作》（*A Escrita*，1986）中。

在《表象的礼赞》中，弗卢塞尔重建了技术图像及其塑造的零维世界的可能情况，也揭露了那轻薄的虚拟性面纱下掩盖的本体虚无。在《后历史》这部作品中，作者更多地追溯了那些塑造了我们所处世界的历史条件，以及折射出这一世界之虚空性的各种棱镜。他回顾了 20 世纪那个时代的根基、意义与世俗性逐渐沦丧的过程。因此，奥斯威辛事件的最重要之处，并非在于其是一场非理性的灾难，而在于它是西方式规划运作的终极体现；其前所未有之处，并非犯罪与大屠杀，而是人类和这场大屠杀所涉及的过程在全球范围内的具象化。重要的不是灭绝行动本身，而是实施灭绝行动的功能执行者的操作效率。西方的规划是虚空的急剧扩张，它以虚空性在生活各个领域的渗透为前提。通过比较这些虚空性实现的各种模式，我们就可以理解人们当前所处的后历史境况。

一方面，上帝之死并不意味着宗教的消亡，而是预示着宗教理性的工具功能性和效能的消逝，因为宗教是对人的永恒性、世界的稳固性和物的持久性信任，并通过各种叙事与救赎论转化为一种超物质的层面。作为现代性的特征，那如海水般泛滥的虚无性将巩固我们唯一仅存的天主教的信仰，即人是没有根基的。人与其他存在一样，是一种完全可客体化的存在。如果说信奉天主教是普遍的（kat holos），那么我们已完善的、遍布生命所有毛细血管的普遍性实际上都是虚无的普遍性，因为上帝只有在反映和确证构成我们的虚无时才存在。换句话说，上帝的存在变得完全可有可无了。

另一方面，这场危机并没有像某些本体论神学、世俗化的神学、投射理论及关于"上帝之死"的神学所假定的那样，显示出对人类整体（具体地说，是对人类知识）信任的增强。这种虚空或全球性的"虚己"（kenosis）与一种新的世界观念及操作矩阵的出现有关，即程序化范式的出现。在弗卢塞尔看来，新出现的思想和社会将是程序化的，它与主导现代和历史思想的终极论及因果论截然不同。程序化范式带来的主要转变在于，它为偶然性赋予新的地位。在因果论看来，人们可以利用归纳法，从事件在某些既定条件下的重复中推导出规律；对终极论来说，自然界服从于一个终极目标，后者协调着过程变量，并围绕一个共同的原点或向量，使事件整体变得合理化。

反之，程序在处理偶然事件时，通过将可能性还原为概率的方式控制了偶然性。将可能性还原为概率，是弗卢塞尔思想的重点。这一过程通常被视作熵系统耗散过程中产生的负熵。然而，正是这种负熵生产了我们称之为"文明"的一切。同时，它也把智人引向了新的信息技术，即程序和程序编辑者。科学本身成了程序编辑者的机器。正如新石器时代的革命、农业的驯化和文字的出现标志着人类从史前时代到历史时代的转折一样，从农业社会到工业社会的转折也带来了本体论的变化，即我们放弃了对有生命的自然的耐心操控，转而对无生命的自然进行暴力操纵。换句话说，人类在方式、原因和结果之间的过程中走了一条便道。这种转变揭示出随机性与偶然性构成的复杂系统的矩阵，其不再能适应终极论—因果论的还原模式。正如彼得·斯劳特戴克(Peter Sloterdijk)所描述的那样，支配着历史和现代世界的农业(久居不移式的本体论)已日薄西山。无论在认识论层面还是本体论层面，超越历史及其决策的广阔渠道正在敞开。弗卢塞尔的思想正是流入这片新海洋的河流。

算术与几何之间、空与实之间、宇宙科学与生命科学之间、地质学与生物学之间、地球系统与生物系统之间、自然科学与人文科学之间的振荡，构成19世纪和20世纪大部分认识论的精髓。复杂性理论和新兴的系统论试图超越这种振荡，在秩序与偶然之间、有机与无机之间找到了交汇点。

对于弗卢塞尔来说，矛盾之处在于，讲述式与对话式、物化式与主体间性式的纽带变成一种装置，它会将信息转码，把自然转化为算法，把算法转化为次自然（segunda natureza）。在这种连接中，我们能看到自由、历史的根基与构成因素的消亡，因为程序编排者编排了装置，游戏者在装置上进行游戏，这些装置模拟了历史和自由（以及游戏本身）的可能情况。近两千年来，知识的目标是那句著名的箴言：知与物的符合，即知识适切于物。现代性颠覆了这些假设，这句中世纪的箴言由此变得过时。人们生产了模拟这种适切的可能情况的模型，形塑了在具象层面上决定物质的抽象形式。一个新世界建模者的视野由此开始形成。媒介不仅仅是信息，它还是模型，是抽象的提炼之物，是最具体的存在。

这些建模系统产生了一种具有多种表象的极权主义，其基础是空前而无尽的模型的传输，其目的是使信息模式标准化。这些模型没有所有者、管理者或原创者。它们是暗箱，是被超人类的元理论游戏、滋养和反馈的程序。从这个意义上说，弗卢塞尔以绝妙的形式将 18 世纪定义为机械主义的世纪，将 19 世纪定义为有机主义的世纪，而 20 世纪则被定义为由复杂系统支配并由游戏决定的世纪，即游戏者的世纪。

18 世纪的精神形式是以图像-机器为模型的，19 世纪的精神形式是以有机体-图像为模型的，而我们的精神形式则以游戏-图像为模型。游戏元理论揭示了一个游戏者的世界，一个在其所存、所居之处编排程序的程序编排者的世界。在这个自生和递归的连续体中，关于什么是真实的、什么是虚构的问题都是不切要点的提问。在同义反复（tautologia）和真理的不断扩大的螺旋中，这个荒诞世界中的荒诞问题必然都包含荒诞性。在一个由元数据和算法支配的游戏者和管理者的世界中，这只不过是另一个荒谬的问题。自我与世界的关系因我们在同一世界中执行的抽象过程而日益矢量化。这意味着，我们的经验逐渐成为抽象的推断和感觉的抽象化产物，没有使种子得以萌发的土壤，也没有事实的根据。

　　读者一定已经意识到弗卢塞尔思想的预见性和先锋性。作为一位在巴西出版作品并用葡萄牙语写作的思想家,他处于世界符号经济的边缘,其论点直到现在才被一些最具影响力的当代思想家讨论和思忖。关于这一点,我认为值得做一些规范性的工作。在这本著作和《表象的礼赞》及其他作品中,弗卢塞尔都论述了后历史、虚空、空无、浅表和抽象等概念,但根据书目和其反映的阶段,这些概念有所变化,存在细微的差别。这些概念与近几十年来不同体系的作者所提出的类似概念大相径庭。自让-弗朗索瓦·利奥塔(Jean-François Lyotard)的开创性著作《后现代状况》(*Condição Pós-Moderna*, 1979)问世以来,后现代性和后现代主义对当代的诠释层出不穷,其意涵和针对性也千差万别。随着这一现象的频繁出现,从黑格尔的原初反思到《历史的终结与最后的人》(*O Fim da História e o Último Homem*, 1992)的问世,历史终结的观念和后历史时代到来的提议消极地决定了随后每场争论的视野与整个历史性的概念。海登·怀特(Hayden White)在其杰作中提出了"元历史"概念,但不幸的是,这一概念只是让空气变得更加稀薄,让辩论的领域变得更加浑浊。如果这还不够的话,从马歇尔·伯曼(Marshall Berman)受马克思名言启发而在20世纪90年代引起轰动的经典著作,到齐格蒙特·鲍曼(Zygmunt Bauman)和吉尔·利波维茨基(Gilles Lipovetsky)的流行,对于轻盈、流动、浅表和灰飞烟灭的霸道的坚固性,人们已谈论了很多。

　　弗卢塞尔的著作何以与这些谈论对话? 我们需要作出怎样的界定和区分? 与那些试图将本作品中的"后历史"概念与福山(Francis Fukuyama)的著名概念联系起来的草率解读不同,对于弗卢塞尔来说,历史并没有结束,它已被吸纳进后历史的可能性境况,而后历史仍在全面扩张。历史性的图像和事件被技术图像吸收,并转码成程序。同时,无论是在对后现代性的研究中，还是在有关历史终结的论战中，大多数作品和作者的特点都体现为采用一种与社会学联系更紧密的方法，而不是像弗卢塞尔那样，更密切地观照认识论和本体论。这些当代作家的时代划分也几乎总是局限于现代性的划分，将其理解为从18世纪到今天的一个近期过程。在这个意义上，弗卢塞尔的观点是截然相反的。他将这些现代性的片段视为短暂的过程，它们铭刻在智人漫长的发展过程中，并与之依存。在这个意义上，本书的观点更接近彼得·斯劳特戴克、米歇尔·塞尔（Michel Serres）、伊莎贝尔·施滕格斯（Isabelle Stengers）、布鲁诺·拉图尔（Bruno Latour）和尼古拉斯·卢曼（Niklas Luhmann）。它与符号学和人类学方法、信息论及传播理论的最新发展的联系更为紧密。换句话说，它处于人文科学和自然科学之间，与自生系统论、非线性系统、涌现理论、系统论、协同进化模型和复杂范式进行对话。

有鉴于此，弗卢塞尔的任何作品都不是确定性的。这就是为什么本书既为我们提供了一种系统性视野，也提供了一种变革的可能性。因此，我的文章标题引用了阿甘本（Giorgio Agamben）《来临中的共同体》（*The Coming Community*）这本著作中的用词。这两位作者在他们的弥赛亚式的形象和光芒中团结在一起。弗卢塞尔在其著作的开篇就描述了各章节的渐进结构，即从宿命论的观点到以不确定性和偶然性为特征的概念。他回顾了由数学家勒内·托姆（René Thom）提出，并由当今最伟大的复杂系统思想家让-皮埃尔·迪皮伊（Jean-Pierre Dupuy）发展的灾难理论，即每个系统的趋势曲线上都存在一个点，从这个点开始，趋势会发生不可预测的变化，从而产生新的结构。弗卢塞尔强调，从加布里埃尔·德·塔尔德（Gabriel de Tarde）的意义上来说，人类社会及由此延伸出的超人类社群可以通过其关系网络（而非内在实质）得到更好的理解。在关系本体论成为诸领域必备知识前的半个世纪,弗卢塞尔就已经提出了他的关系本体论。虽然程序编排者和程序如此运作着,我们也像游戏网络和游戏者-算法网络中的昆虫,但读者仍能在本书的结尾感受到希望和变革的气息。在本书的最后几页,读者能直观地感受到为前缀"后"(pós)赋予其他含义的可能性。

"我们的"模型？

安德鲁·费舍尔（Andrew Fisher）

每当我们出版一位有影响力的思想家的全集，他作品中那些新的、尚未被认知的领域往往也随之浮现。事实上，可以说，只有当此类出版物建立某种新的连接，改变读者已有的阅读习惯时，它们才算真正成功了。我们希望在仔细收集资料的过程中，能够发现一些尚未形成的问题与尚未被探索的可能性。但也应指出，这些新发现的问题或连接，对于它们可能成为的历史时刻而言，除了学术意义，再没有任何保证。在这篇简短的文章中，我认为弗卢塞尔在《后历史》中对规模（escala）问题的思考释放了与我们意料之外的问题相关的信号，而且（作为正在进行中的、出版弗卢塞尔全集正式版的项目的一部分）它以一种批判性的、强有力的方式，在当前凸显了弗卢塞尔的作品与我们的联系。

弗卢塞尔被广泛地视为一位具有先见之明的思想家。他虽于1991年逝世，却预见了此后在视觉化与传播领域中许多与技术发展和文化有关的批判性问题。他持续思考技术装置的形式与影响及其生成的文化，并提出了丰富的见解。他的著作多致力于理解人类的当前体验。这种体验是由技术的、物质的和有组织性的程序（他所谓的"装置"）去构建、解构和再构建的。顺便说一句，令人讶异的是，人们很少关注"装置"这个概念的"过程性"特征，即时间性的形式和时间化的操作。在这种视角下，人们能发觉，在弗卢塞尔的著作中，过去、现在和未来之间存在深刻的张力，因为这些相互交织的时间性模型是由装置无所不在且具有决策力的操作表现出来的。

弗卢塞尔的许多著作都写给当前境况之中的读者（当前的境况则

由我们尚未认知的问题所塑造）。这一特征的具体表现在于，作者通过"我们"一词表达了某种共同关注问题的隐含的时间性视野。《后历史》中的文章皆是如此，如《我们的节奏》《我们的住所》和《我们的收缩》。"我们"将读者引入本书，让他们意识到自己并非孤立的个体，意识到作者邀请他们将其自身的社会性存在视作哲学与批判性理论所关注的问题。本书中的每篇文章都探讨了不同的"模型"，这个"模型"可以为读者所处的环境提供秩序或信息。但事实证明，每个"模型"的潜在意义都由装置那至关重要的作用决定。文章标题中重复出现的"我们"将读者的体验时间化，使之成为围绕一个核心问题的片段的组合。《后历史》将受众置于书中，以此引导他对无孔不入的装置所产生的、有关人类存在的影响展开批判性思考。从更广泛的意义上来看，这些内容引出这样的观点，即"西方文化作为整体，是试图把自身装置化的程序"[1]。在这种情况下，除了更深入地认识装置的技术和组织形式，在更广泛的层面上实现批判之外，人们几乎没有自由可言。

　　我们既不能将装置人格化，也不能将其物化。为了理解装置并借此将其嵌入元程序，我们必须在程序愚蠢的具象之处，在那些被编排的、荒诞的功能性中掌握它们。但矛盾的是，这种元程序是同样荒诞的游戏。总之，如果我们想从功能主义中解放出来，我们就必须学会接受荒诞。自由只能被想象为一种人与装置和程序展开的荒诞的博弈。只有在我们承认政治和人类整体存在于荒诞的博弈中时，自由才是可以被想象的。我们是继续成为"人"，还是成

① Vilém Flusser, "O Chão que Pisamos," *Pós-História: Vinte Instantâneos e um Modo de Usar*, É Realizações, 2019.

为机器人，这取决于我们学习博弈的速度：我们或许能成为博弈者，又或许只是棋子。①

在弗卢塞尔去世后的这些年里，值得注意的是，关于规模的经验、规模化的可能性和可规模化问题（以及"去规模""再规模"的问题、不可规模化的思考等）几乎在文化和政治生活的各个层面涌现。因此，理解规模问题和规模与我们的关系，对于任何理解当下的尝试都至关重要。弗卢塞尔是传播领域、技术领域，特别是摄影领域中为数不多的对规模问题表现出明确关注的一位批评理论家。无论是在批判性还是在理论上，他对规模问题都表现出明显而持久的关注。这不仅体现在他关于摄影和视觉化技术的著作中，而且在更广泛的语言、文化、政治和历史方面也是如此②。他的著作常回到对规模的不同含义、相关问题与现象的反思上③，一次次地重新审视词汇，以反思一系列关键的、历史的和技术的问题④。当人们对规模问题产生警觉，便

---

① Vilém Flusser, "O Chão que Pisamos," *Pós-História：Vinte Instantâneos e um Modo de Usar*, É Realizações, 2019, "Nosso Programa".

② 与规模有关的主题也鲜明地体现在弗卢塞尔的文章中，包括"Orders of Magnitude and Humanism"（《数量级与人文主义》）。文章载于 Andreas Ströhl (ed.), *Vilém Flusser: Writings*, University of Minessota Press, 2002, pp.160 – 164.

③ 作为一种机器，摄影装置根据相机程序所体现的价值去衡量事物，而不是根据其操作者的价值观念。有关这个观点的基本认识，参见：*Filosofia da Caixa Preta*, É Realizações, 2018; "Towards a Theory of Techno-Imagination," in Andrew Fisher (ed.), *Philosophy of Photography: Special Issue on Vilém Flusser*, Vol. 2, No. 2, pp. 195 – 201。此外，"Habit"（Hábito）一文对审美经验进行了程度惊人的批判性分析，参见 Andreas Ströhl (ed.), *Vilém Flusser: Writings*, University of Minessota Press, 2002, pp. SI – 57.

④ 参见 *Elogio à Superficialidade: O Universo das Imagens Técnicas*, É Realizações, 2019. 这也是"What is Communication"一文的重要主题和"Orders of Magnitude and Humanism"一文的明确主题。这两篇文章载于 Andreas Ströhl (ed.), *Vilém Flusser: Writings*, University of Minessota Press, 2002, pp.3 – 7, 160 – 164。

会发现其在弗卢塞尔的著作中是一个持久的(尽管是支流)主题。然而,能够支持这种解读的历史性和技术性条件已发生变化。同时,如上所述,规模问题在新的理论与批评性模型中占据主导地位,我们能够通过它理解当下的境况。在这种背景下,弗卢塞尔的"规模"概念值得引起研究者的注意,并与他更广为人知的概念(如"装置""后历史"和"技术想象力")放在一起研究,甚至进行对比。这不仅是为了丰富和更新我们对思想的理解,也是为了探索它如何帮助我们理解充满异质性和冲突性的当下,即我们希望与彼此,以及与在我们彼此间起中介作用的技术装置共享的当下。由于摄影是弗卢塞尔一直以来的关注重点,所以对摄影装置近来的境遇而言,我们有必要分析这个概念意味着什么。

日渐明晰的情况是,当拿起具有照相功能的装置或接触摄影图像时,人们会卷入不同规模的事实、规模性的过程和可规模化的境况。有时,摄影图像对人们而言是一种熟悉的、再现内容的载体。而在其他时候,它显露出令我们感到陌生的作用——它以很难被察觉的速度运行,同时出现在许多人的面前;或者,它会绕过人类视野,仅在与其他机器实体的关系中运作。无论如何,似乎很清楚的一点是,人们如果想了解这些摄影图像如何在构建当前碎片化和网络化的视觉世界中发挥作用,就必须理解这些图像中的规模关系及运作方式。这是多重、复杂且常具争议的议题。例如,让我们考虑一下近年来跨地中海移民图像中的个体与技术、政治利益和地理性因素。在这里,规模是如何成为摄影的一个问题呢?它们出现在那张遍及世界的私人性照片中。该照片显示,2015 年,艾兰·科迪(Aylan Kurdi)瘦小的尸体倒在科斯岛的海滩上。这张在全球范围内流传的照片引起了人们巨大的道德愤怒,却几乎没有产生持久的政治影响①。与此相对，我们可以再想想另一个故事中的图像匮乏与全球性愤怒（但分布式图像设备却占据了中心位置）。这个故事与 2011 年那艘被监管机构记录，但仍在地中海上漂流的拥挤的移民船有关。正如阿里埃拉·阿祖莱（Ariella Azoulay）所指出的，这个事件的视觉性特征可能被严重削弱了，但事实上，它的"摄影性"丝毫不减②。人们可以从空中看到船上那些不幸的乘客，因为他们举起移动设备，拍摄了乘坐直升机盘旋在他们上方的那些本可施以救援的人，最终却没有结果③。关注摄影在这些相互联系却对比鲜明的事件中所扮演的角色，可以发现，摄影是一种由多层规模性操作构成的时空分布的装置。例如，那些衡量图像创作与接收的时空装置，衡量指向特定地点与事件的行为的时空装置，衡量大规模的技术应用过程、大众情感的动员、社会价值的决定性和不平等分布着的地缘政治力量影响的装置。所有这些不同的规模感——图像的、技术的、现象学的、社会的、地理的和政治的——在这些摄影活动中相互碰撞，也因此在其生成的图像中相互碰撞着。

　　从唤起弗卢塞尔兴趣的第一个摄影时刻开始，当代摄影就担负了重要的责任——它可能使一个充满冲突和迷失的世界变得敏感而均衡，让我们建立起一种充满意义的视野，以此共同在这个世界上定位自身。但是，随着世界对此类责任需求的范围不断扩大、强度不断增加，人们对摄影图像成功施展能力的信心似乎已经被削弱了。我想说的

① 参见 F. Vis, O. Goriunova (eds.), *The Iconic Image on Social Media: A Rapid Research Response to the Death of Aylan Kurdi*, Visual Social Media Lab, 2015。

② 参见 Arielle Azoulay, *The Civil Contract of Photography*, Zone Books, 2008。

③ Charles Heller, Lorenzo Pezzani, "All They Did Was Taking Pictures': Photography and the Violence of Borders," *Philosophy of Photography*, 2014, Vol.5, No.2, pp.93 - 97.

是,规模、规模化的过程和可规模化问题的复合关系,构建了当代的生活模式。我们可以通过重新审视弗卢塞尔的"装置"概念等,来批判性地阐明这种生活模式。

无论是在负荷较重的情况下,还是在负荷较轻的情况下,拿起摄影设备,拍摄或接触摄影图像,都会将我们置于不同规模的事实、规模化过程和可规模化境况的中心。这无疑一直是事实,但直到最近,它才因全球化的网络数字图像技术而变得鲜明。在这种环境下,"规模"一词被赋予了新的时空、技术和体验层面的含义,这些含义共同塑造了摄影图像的本质和功能。我的建议是,通过重读弗卢塞尔的著作,通过理解他对规模的聚焦,进而为更好地理解这种情形建立一种有效的模型。

在《我们的收缩》一文中,弗卢塞尔将他的"装置"概念明确表述为一个有关规模问题的概念。其中,他阐述了与技术性社会关系的巩固相关的规模化、去规模化和再规模化的过程①。他将关键性现代装置(如机器、城市及其关系系统)庞大而怪异的体量与技术推动的"微型化"趋势进行对比,继而明确了一种方向——在日益自动化的程序技术和自主行动促成的小规模关系经济中,他看到了一种大规模的"装置狂热"②幽灵的替代品。弗卢塞尔敏锐地注意到,配备了微程序的"智能工具"可能具有的自主性总是铭刻在一个整体之中。也就是说,小型工具的可能性是由它们"在庞大装置中运作,并且作为庞大装置的一种功能"③的方式决定的。正如弗卢塞尔在这本书的其他部分写道:"在这样的环境中,我们都是游戏者,都是'游戏的人'(Homines ludentes)。"④这

① Vilém Flusser, *Pós-História*. 另见前述文章"Orders of Magnitude and Humanism"。

② Ibid., "Nosso Encolhimento"。

③ Ibid.

④ Ibid., "Nosso Jogo"。

是一个多层次的游戏，在物质对象、技术可能性、个人欲望和文化价值之间跳跃，混淆和模糊了游戏的各个部分与装置总体化过程之间的关系。事实上，这是一种能与当下产生共鸣的前瞻性思考。

在很大程度上，我们仍未认识到弗卢塞尔对"规模"的关注。这需要我们对此进行批判性和解释性的重建。除《后历史》之外，他明确提出有关规模问题的著作主题多样、内容分散，并且有些仍未成册。不过，在他颇具影响力的摄影装置理论中，规模是一个基础性议题。此外，鉴于弗卢塞尔在其已出版的著作中不断观照规模这一主题，我们可以预期他未出版的作品、通信和笔记也具有同样的趋势。为了阐明和评价弗卢塞尔关于规模的思想，我们需要通过详细的研究来重构这一概念的范围和重点。本书所属的弗卢塞尔作品全集出版项目有望实现这一点，因为它重新对弗卢塞尔的作品进行了颇具批判性的解读，从而使之与当今"我们的模型"所面临的紧迫问题相联系。

后历史

拉斐尔·达尔安内斯（Raphael Dall'Anese）

后历史的特征在于人类在地球上行乐，而我们的乐趣就在于游戏。这种游戏在图像的指挥下依照模糊的规则运行。由于我们与这些游戏之间没有必要的距离，所以我们难以充分建立起对这些权力图像的批判理论。简而言之，我们还无法定义"后历史"是什么，也无法直视这个问题。但是，我们仍能从表面探究它可能表现了什么，并为无根的生活绘制理论地图。同时，我们仍缺乏必要的技术。弗卢塞尔本人曾多次使用相同的逻辑和术语探讨这一现象。首先，值得强调的是"现实＝语言"。

我将在这篇文章中展开讨论，作出解释，并提出理论概念。下面的内容仅试图帮助我们理解弗卢塞尔说这段话时的想法：

> 没有什么是认真的，一切都取悦我们，而不仅仅是专门为娱乐而设计的节目。我们以耸人听闻的态度吞噬一切，艺术、哲学、科学、政治，包括我们在具体生活中关注的事件：饥饿、疾病、压迫。我们的工作让我们开心，我们的人际关系也让我们开心。

在开篇，妥拉（Torá）告诉了我们《创世纪》第 28 章中的故事："他做了一个梦。看，一个梯子伫立在地上，它顶部通达天堂，上帝的天使在上面游走！看，耶和华站在梯子前说，'我是耶和华……'"

分析雅各布这段梦的节选内容时，我们要聚焦梯子的形象：它是一个让人攀登的符号；它呈现了一个分割开的、由两个部分组成的场景，可以通过向上、向下的攀登来连接。我们可以在梯子上跳跃；如果游戏者愿意，他也可以慢慢攀爬。这始终是一种美学层面的活动，它基于一种感受此时此地或彼时彼地的愿望。在那里，道德沦为形式上的障碍，阻碍人们去征服更特别、更强烈、更"可记录"的感觉。生命在飘逸的舞蹈中，在漂浮着泡沫的海洋中游戏和翻腾，进行着长篇漫谈。

对弗卢塞尔来说，观察我们存在的动作（跳跃／投射）之舞（就像钟摆一样，有时是抽象意义上的，有时是具体意义上的），是理解我们在由图像控制的游戏领域中的境况的起点。我们生活在雅各布的梦中，就像上帝的天使一样游移着，从这儿到那儿，从那儿到这儿。我们选择、决定，总是在寻找统一性，追求在真理的启示下产生的表面的统一。

为了理解这种游戏，弗卢塞尔提出了"后历史"这一范畴。他用一生的时间试图找到一种关于人类存在的（实验性的）和理论性的基础。弗卢塞尔说，他无法找到雅各布梦中的梯子所依托的土地。他在地球上没有立足点，他没有感觉到这一场景在低层部分的立足点——这个立足点不仅是爱国主义或民族主义意义上的，还是在思想和反思的总体性意义上的。

在我看来，这个问题并不涉及历史学上的决定性时期，即历史结束，后历史开始的特定时刻。情况似乎并非如此。实际上，这个情形不断摇摆着。在以线性决定论式（因果式）的生活与存在的永恒回归那魔幻而惊人的循环之间，存在一种舞动着的辩证关系。如果只生活在现实的一面，那么游戏者会厌倦，导致游戏陷入熵，即游戏的可能性枯竭。在我看来，这种让游戏者在两种不同现实意识中生活和共存的钟摆运动，实际上是对本文开头提出的论题进行尝试性探索的一种形象化的说明。

从各个方面而言，梯子的象征意义都与大地与天空、黑暗与启蒙、神秘与科学的关系问题有关。梯子是一种原始的象征物，是人类在意识到自己已然堕落后被建造出来的。它代表一种通过攀爬来回到过去的尝试。由于其结构是由阶梯组成的，所以这种攀爬是一种渐进式的攀登。这种阶梯式攀登是符号叙事领域的一个论点。

希伯来语中的"sullam"在拉丁语中为"scala"，经常出现在《圣经》中。虽然雅各布的梯子是最著名的例子，但还有其他同样重要的例子，包括诺亚方舟的三层结构（《创世纪》：6，I6）、所罗门王座的台阶（《列王纪》I0，I9）、以西结圣殿的阶梯（《以西结书》：40，26，3I），以及《诗篇》（84：6）中提到的心中的朝圣和被称为"升天之歌"的十五首渐进诗。

柏拉图神话中的"山洞"与"厄尔"（Er）具有相同的含义。第一个神话在《理想国》第七卷，讲述人从崎岖陡峭的斜坡爬上洞穴顶部，从那里可以看到耀眼的太阳之光——真理。第二个故事在同一部作品的第十卷，介绍了从冥府归来者的口述。也就是说，它们都关于从一个较低维度的世界爬到一个相对较高维度的世界的故事。在某种程度上，厄尔神话的目标是教育性的。它提出通过攀登寻求灵魂的净化，从而回归生命并执行新的任务，如此循环往复，进行不确定（或随机）的运动，直到灵魂到达真理。

我们承认，在上面几段文字中，构建阶梯形象所使用的论据存在疑问。这些疑问包括以下几点：按字面意思想象的梯子是讨论"后历史"范畴的最佳形象吗？梯子是理解"我们在技术主导下的生活"这一主题的恰当符号吗？

这些疑题使我们对本文开头至此所表述的内容产生怀疑。在反复阅读之后，我想象出另一种攀登动态中的可能性，即旋涡的形象。不过，我们仍从梯子的形象出发，想象它的两个垂直轴朝同一方向扭转，阶梯始终等距地将它分成段，形成类似 DNA 结构的图像。

为了确定这个图像，请允许我先构思这样一种图像游戏。我们只要通过其词源就可以想象旋涡，而无须在理论物理学的知识领域中探索。我们可以想象强有力的旋转运动；想象螺旋状物，想象旋流；想象同心或偏心地疾驰的动力；想象由依次增加或减少的不同直径的圆组合起来的螺旋形。旋涡可以通过螺旋的形象来理解，如阿基米德螺线、对数螺线和斐波那契螺线，它们都有自己的基本特征。在这里，重要的不是讨论每一种特定类型的螺旋，而是了解它们的共性，这样我们就可以找到自己需要思考的一种新的攀爬式的可能性图像，因为梯子的图像并不能完全满足我们的需要。

由此，我们想象螺旋或者旋涡。想象出来后，我们可以提出一个问题：为什么会有旋涡？我把旋涡理解为，在直线和圆之间进行钟摆式震荡合成的图像，即线性游戏场中的游戏动力学与圆形游戏场中的动力学的综合体。

在这些仍然模糊不清的阐释中，我试图用旋涡的形象来表现权力技术宇宙中的游戏动态。因此，可以把旋涡理解为游戏场地的形状，其中的图像生产并运作着一种结合了圆与线的形式的综合体。在螺旋状的游戏场上，所有游戏都同时依直线和圆的形状运作着。

这种游戏场的所有游戏（包括寻求综合的游戏）都是摇摆不定的：它们在旋涡中左摇右摆。它们看似是游戏者酒后的产物。这些醉酒者对技术（téchne）和美学（aisthésis）充满激情（pathos），他们在其中定位自己，以某种速度和便利的方式学习游戏招式。即使这些游戏都是浅表而无足轻重的，但它们都试图抵达螺旋游戏场的深渊。这或许是因为所有的游戏都以超越为目的，向矛盾的具象攀登。

根据弗卢塞尔的说法，"娱乐是对一种辩证性张力的放松，这种辩证性张力即人类意识的特征"。技术图像的宇宙是一种用于分散人类注意力的方法。游戏在合成性的图像网络中的投影所带来的感觉体验，使我们忘记"我"与"世界"，忘记游戏和游戏场。Netflix、电视频道、互联网、社交媒体、惊世骇俗的新闻、理发沙龙、中心广场上的活动、足球赛、奥古斯塔街的小酒吧、新款智能手机，这些东西使"我与世界"之间的辩证性张力的意识娱乐化，因为它们前在于我们存在的两极。这种感觉前在于人与世界间的异化，即前在于堕落。

对于那些思考19世纪并预测未来的哲学家、人类学家、社会学家和科学家来说，乐趣就意味着娱乐。乐趣允许人们去玩耍，去消遣。

然而，这篇文章旨在提出，一切都是乐趣与信息，不存在二元性，即不存在那种一方面是有趣的、价值较低的，另一方面又是信息丰富的、价值较高的事物。简而言之，一切都是乐趣。

我们在每一瞬间攫取的个人感觉都会被组成马赛克，如果将其作为一个网络，它们就会隐约地构成图像的结构。我们的游戏场在整个游戏过程中被碎片化，并根据各种可能性进行重新组合。我们随意地体验感觉。感觉是为了消遣，让我们的视线从缠绕着合成图像的网络背后，从深层的空虚之中解放出来。

没有什么是严肃认真的，一切都让我们开心。我们的工作让我们开心，我们的行动也让我们开心。我们并没有被编排着去认真对待每个游戏中充斥的空虚。这里没有决策性游戏，因为在一个被编排为娱乐的游戏场上，决策是不可能的。在本体论层面分裂的游戏场不可能有统一的决策，而我们所付出的代价，就是去体验由他人引发的感觉。

只体验事情的一面是不够的。我们需感受好的一面，也要感受坏的一面。感受善恶均等，左右同存，彼此相倚，内外共在。这种张力即后历史时代的人的特征。由于人们沉浸在一个娱乐的、分裂性的场景中，在表层上沉浸于一个以分裂为基本特征的游戏场上，作出决策似乎是一项不可能完成的任务。因此，决策似乎成为一个计划之外的举动。

这种张力表现出我们在这个游戏场中的本体论层面的位置，我们在两者间游戏。这种钟摆式的辩证法使游戏成为可能，也使人成为可能，而对话就是条件。在后历史时代中，游戏发生在两者之间。它处于居中位置，处于感受的两极间的蹊径上。通过游戏，我们将自己定位在中间，置于零点（一个平衡点）上。在形式的世界与具体事物的世界之间、在认识论和信仰（doxa）之间，我们游戏着我们的合成式网络，以求爬上它们的顶端，因为我们相信意义的价值就在那里。在我们的游戏中，还有一个中间点，即"我"这个游戏者与他人之间的平衡点。

我们可以将这种二重性理解为存在于统一性和多样性之间的一个阶段、一个层级。我们如果处于中间，则可以在一边看到统一性，在另一边看到多样性。

统一性与多样性之间的张力定位了我们所讨论的游戏领域。这是一个充满趣味的领域。说它有趣，因为它是单一和多样之间的二重性，是充满趣味的、神秘而模糊的居间层级，是可能出现混淆的层级；它是分界之处，是问题本身；它隔离、区分，造成亏欠（divida）——一种生活、两种生活。"乐趣"是一种存在的境况，其名称本身就承载了形式性和结构性的构造——它带有封闭和限制的象征意义。

后历史的游戏发生在统一性与多样性的层面之间。它在多重选择之中、在两个层级之间发生，其目的在于乐趣，即感觉层面的钟摆式存在状态。

身处于充满力量的图像世界和旋涡游戏场中，我们的生活走向迷失。我们如身处幻境那般，生活在螺旋状的构造中。我们的动作只是漫无目的地跳跃，不知在寻找什么。我们是游戏者。从这个意义上说，除了原始而荒诞的美感之外，我认为层层图像中的游戏毫无价值，因为其中的任何动作都没有价值。

　　最后，我们可以说，"后历史"是弗卢塞尔在痛苦中试图接近对现象的某种理解（无论这种理解多么微弱）时所选择的术语。这种现象便是，具体而自然的现实被转化为借口，为一种魔幻的人类文化的存在加冕，在旋涡中来回舞动。它起起落落，快乐着、庆祝着，在技术浅表的飞毯上飘移着。这是一张美丽的飞毯，充满了想法、激烈的思想、美好的愿望，它被编排着去接受情感与人们的关注。同时，它还包含美妙的意识形态和政治体系，以美学为道德的主要目标，使游戏场娱乐化，并最终颠覆它。

弗卢塞尔影响下的后历史

乔奥·博尔巴（João Borba）

我与弗卢塞尔的关系既是哲学上的，也是个人的。我们的交往始于我的青春期之前。我父亲是一位视觉艺术家，也是弗卢塞尔的助手和朋友。我对他们的谈话保持关注，也充满好奇。同时，我也对他们谈论的那些令人惊奇的事情怀有某种敬畏和崇拜之情。这些事情似乎使我的世界敞开，并更加宽广。我觉得弗卢塞尔喜欢我在他身边，他有时还试图激发我对哲学的好奇心，引发我思考。

在他的讲座上，听众席的一角有时会出现一群青少年，那就是我和学校的同学们。我记得弗卢塞尔随后问我，同学们有什么想法，他们是否听懂了。他似乎很欣赏我们年轻一代。

弗卢塞尔自学成才，是一位自由散文家。众所周知，他长期反对圣保罗大学哲学系当时采用的方法论形式主义。因此，当我告诉他我决定选修一门"正式的"哲学课程时，他的反应可能出人意料。事实上，弗卢塞尔非常热情地鼓励了我。他建议我立即开始阅读："每天读康德，每天读一段，一周结束时写下你的感想。"

当时，十几岁的叛逆促使我把康德换成了另一位哲学家——无政府主义者蒲鲁东（Pierre-Joseph Proudhon）。他将费希特（Johann Gottlieb Fichte）的唯心主义转向了实用现实主义（或多或少像马克思将黑格尔转向了唯物主义一样），而费希特一开始担任康德的助手。这意味着，我从被推荐给我的康德那里，转变为康德弟子的自由诠释者。

时至今日，蒲鲁东的影响在我心中依然强烈，尽管没有弗卢塞尔那么强烈。我阅读弗卢塞尔文章的方式经过了蒲鲁东式的过滤，但我阅读蒲鲁东的方式则经过了弗卢塞尔式的过滤。因此,我阅读弗卢塞尔的蒲鲁东式的方式最终是……弗卢塞尔式的。我的背景不局限于这两种,但它们对我的影响却是最强烈的。

哲学是关于现实的对话,我们要了解自己的对话者,还要了解他们在与谁对话。哲学家的不同对话者有助于形成他们理解现实的方式。

我"歪曲"了弗卢塞尔的建议来研究蒲鲁东(而不是康德),从而获得某种过滤机制。直到某一天,我惊奇地发现,这位无政府主义者的书中有这样一段话:蒲鲁东自己说,他每天都读康德,一周结束后再思考!

当时,我没有读过任何其他语言的书,只有三本蒲鲁东的书被翻译成葡萄牙语,而我就夹着其中一本生活。弗卢塞尔会注意到吗?他会迅速翻阅这些书,寻找一些东西来满足他朋友、儿子对哲学的好奇心吗?当然不会。

那么,弗卢塞尔是研究蒲鲁东的行家吗?我不敢肯定,尽管这并非不可能。因为他年轻时阅读马克思的经历,以及对马克思主义正统观念的批判性转向,可能会在某个时刻引导他进行此类阅读。在我看来,他的阅读量很大,阅读速度也很快,他以自己的方式自由地使用文本。

他调动了大量可能使人云里雾里的信息。对于读到的大多数作者的文献,他都将其视为一团来源不确切的参考文献。这些文献可能以一种戏仿的方式被修改,经常还具有讽刺意味。例如,熟稔帕斯卡(Blaise Pascal)思想的人可以明确感知到弗卢塞尔在哪些段落中涉及了他,但他们无法证明这实际上确是引用。

此外,弗卢塞尔还密切地关注一些作者。他给我的关于康德的阅读建议就能说明这一点。

弗卢塞尔是康德主义者吗?面对像他这样很少引用资料的作者,

即使我们只关注他的一部作品，也很难确定其他作者对他的影响。更何况，就像某些艺术家一样，在特定情况下，哲学家自己也无法准确地发现自己所受到的影响，甚至无法确定自己思想中的哪些是至关重要的。

我将努力强调那些较少被评论家探讨却又引人注目的影响，特别是弗卢塞尔与他本人可能没有读过的作家的交汇之处或相似之处。基于他们与弗卢塞尔的对比与相近的关系，我们能更好地理解弗卢塞尔，阐明他在《后历史》论述中的某些意图。

无论如何，要理解弗卢塞尔，我总是以他的四个主要参考文献的作者为指导：首先是马克思（主要在青年时期影响了弗卢塞尔），他以反正统的方式进行批判性重读；其次是尼采，他从海德格尔的理论角度进行批判性重读；还有维特根斯坦，他一方面接近康德的批判性，另一方面被视为具有自我批判性的逻辑实证主义的代表；最后是存在主义和现象学的代表——海德格尔与胡塞尔。在本书中，弗卢塞尔最为凸显的是他对海德格尔和维特根斯坦思想的参考（也许有一天我应该重温一下两人的思想）。

在弗卢塞尔参考的这些思想中，我集中关注那些在许多读者看来最不可能存在的参考，即他对康德和马克思思想的参考。不过，为了更聚焦于《后历史》一书，有必要补充其他一些我认为不在"主要参考文献"之列的文献。由于篇幅有限，我只能粗略地提及一二。

继海德格尔对人类生活中技术（和科技）问题的研究后，弗卢塞尔对控制论也给予了极大的关注，他参考的作者可能包括诺伯特·维纳（Norbert Werner）——控制论的主要创造者之一。但矛盾的是，他也曾撰文批评控制论的危险性。由于篇幅有限，我将在"技术官僚"的主题下提及这一内容。

如果我们能考虑到加缪(Albert Camus)的存在主义对弗卢塞尔的影响,那就更理想了。加缪是《西西弗斯神话》的作者,他的荒诞哲学深受弗卢塞尔的赞赏(弗卢塞尔对荒诞主题的亲近也来自对卡夫卡小说的阅读,但不局限于此)。《后历史》中虽没有提到加缪,但加缪作品激情澎湃的氛围在弗卢塞尔读过的作品中首屈一指。加缪的书讲的是自杀,以及在挣扎中克服自杀,从而使生命更有意义的想法。单是这一概述,再加上弗卢塞尔对这位作家的赞赏,就足以凸显《后历史》所处的悲观而反传统的氛围。

在此,我们也将谈到汉娜·阿伦特关于纳粹主义和邪恶问题的研究。这对弗卢塞尔也有不可忽视的影响。

让我们从康德说起。

弗卢塞尔并非康德主义者,但康德对他在哲学方面的影响可能比一般人想象中要大。例如,他曾告诉我,他宁愿给《暗箱哲学》另起一个书名,叫作《未来摄影哲学导论》。今天我才意识到,他是在模仿《未来形而上学导论》,即康德本人为其《纯粹理性批判》所作的导言。

在《纯粹理性批判》中,康德向我们展示了现象世界(表象世界)。它是一个以彼此存在为条件的世界。一个事物要存在,某些其他事物必须首先出现,因为后者是前者存在的条件,是使前者出现(或存在)成为可能的条件。因此,康德最终提出了一种解释模式,即寻找被考察事物的"存在条件"。

在《后历史》中,读者会发现弗卢塞尔也提出了"程序"这一概念,并将其作为理解事物的新模型的基础,而这一概念在某种程度上是对康德探寻事物可能性条件的反转。研究事物的"程序",就是研究铭刻在该事物中的可能性。这些可能性被设计为随着时间的推移,随机逐一实现之物,直到所有程序化的可能性都被穷尽。这就好比想象自己先行一步，迈向被研究事物的未来，进而扪心自问：这将从中开辟出哪些可以在未来实现的可能性条件？我正在研究的这件事在未来会将什么转化为现实？

弗卢塞尔对人类生活的前景作出了可怖的预测，这些预测就是《后历史》的主题。《后历史》是他最具政治性的著作之一。与他的其他著作一样，本书提出了反技术官僚的承诺。弗卢塞尔与黑暗的未来作斗争，在他看来，我们生活的技术境况中已烙有未来的印记。奥斯威辛的出现宣告了未来的某种可能性，这座纳粹灭绝营建筑群是大屠杀的象征。与之类似的未来也可能降临，因为文明的程序已经证明，这种事具有可能性。这是这本书对年轻一代的警告，更直接地说，这是对我父亲那一代的警告。因为我们这一代人整体上都太年轻了，无法追随他（除了一些例外，比如我的朋友和我自己）。

即便如此，随着时间的推移，我们这一代受自由主义影响的许多青少年也开始与弗卢塞尔的哲学共鸣。促使弗卢塞尔赢得这种共鸣的，是这位哲学家反专制主义和反教条主义的思想，而不是这种极端悲观的警告。弗卢塞尔的理论似乎继续满足着年轻人的愿望。

弗卢塞尔是无政府主义者吗？不是，但他的思想与自由主义精神与之有相似之处，而且是反教条主义的。他引导我们打破固定观念[或蒲鲁东所谓的"意识形态狂热"（ideomanias）]和任何僵化的思维方式。尽管他的文字充满悲观主义色彩，但阅读他的文字，在很多方面都是一种解放。他让我们更具批判性和质疑精神，鼓励消除一切阻碍或阻挠自由思考的因素。

本书对马克思主义理解现实的模式进行了隐晦的思考（例如在最后一章《返回》中），但这种思考不是从自由资本主义的角度构建的。正统的马克思主义模式指导了我父亲那一代中的大多数人与独裁统治作斗争。然而，弗卢塞尔认为，正统的马克思主义模式存在某种陈旧性，而"1968 运动"已经在第一世界克服了这种陈旧性。

在他看来，有必要与日益增长的各种形式的技术官僚主义帝国作斗争。在资本主义世界中，它以大型资本积累机构（如公司）的形式出现；在巴西军事独裁等政权中，则表现为意识形态、官僚和镇压机器系统。但是，如果我们能够理解技术官僚极权主义的这种动态（无论其形式是隐蔽的还是明显的），那么这场斗争就会拥有一定的希望——哪怕只是微乎其微的希望，哪怕只是在普遍的自动化生活中保持一些人的尊严的希望。没有适当的理解模型作为指导，任何斗争都将是徒劳的。

我们能从纳粹主义中找到最彻底、最激进的技术官僚主义，以及随之而来的所有神话般的非理性。

除了对马克思主义的思考，读者还可以在《后历史》中看到弗卢塞尔对资本主义的批判。其中，"编排"我们生活的"装置"的技术官僚主义色彩尤为浓厚。例如，《我们的节奏》一文揭示了电影和其他信息结构对我们进行编排的动力，类似于超市里的消费。

正如在弗卢塞尔的其他文章中一样，在这里，我们能找到其思想与情境主义的亲近之处。我父亲当时是弗卢塞尔的朋友，我已经提到过，他是一位深受情境主义影响的视觉艺术家。弗卢塞尔可能故意让自己在与他（以及其他具有这种特征的年轻政治性艺术家）的接触中受到感染。他之所以与我父亲接触，很可能是因为在我父亲身上看到了"新"的印记。这种"新"从 20 世纪 60 年代末开始在第一世界国家兴起，与在那一代年轻人中占主导地位的马克思主义正统观念完全不同，在我们这个充满旧思想的"新世界"中也是如此。

情境主义最初由一个规模虽小但颇具影响力的组织"情境主义国际"（Situationist International，简称 SI）传播。它是由哲学家兼电影艺术家居伊·德波（Guy Debord）领导的一种政治哲学立场，对1968年的国际学生运动产生了重大影响——这场运动的所有表现形式都带有强烈的反专制色彩。德波的理论建立在亨利·列斐伏尔（Henri Lefebvre）对日常生活的批判，尤其是对马克思"商品拜物教"概念的激进化基础之上。

"情境主义国际"提倡通过转变，促生能够与日常生活决裂的艺术体验（以及总体美学）。它试图对人们惯以相同方式（不加批判地）体验的对象和情境生成一种批判意识，这些对象和情境被困在充满固定观念的重复性常识之中。弗卢塞尔的文章也试图在读者习以为常的日常生活经验中引发这种决裂，让他们以不同寻常的方式看待日常事物。

马克思对"商品拜物教特征"的批判告诉我们，在资本主义世界里，商品作为旨在满足消费者需求的东西而存在，它们仿佛生来就是现成的、完整的和完美的。商品的生产过程涉及对人类劳动的剥削，而这被掩盖在虚假的表象之下。商品以诱人的外表愚弄消费者，异化他们对自身需求的认识，使他们将自身需求与易变的、可操控的欲望混淆，从而购买他们并不需要的东西。这只是因为他们被诱导才产生了这种欲望。

情境主义将这种被马克思描述为"拜物教"的状况，与布莱希特（Bertolt Brecht）和阿尔托（Antonin Artaud）等作家在戏剧艺术中批判的"壮观"（espetacular）特征相比较，因为后者也将观众置于一种僵化或具有惰性的、不加批判的被动状态。

德波在其作品《景观社会》中指出，这种壮伟景观与马克思的市场"拜物教"相似，是构成资本主义日常生活结构的物与情境的特征。在景观社会中，我们脱离观众的境况，成为景观的一部分。这并非如我们想象的那样是两种不同境况，因为它是同一齿轮组成部分。情境主义通过把自身理论中的要素极致化而超越马克思主义，走向新的方向。

在《后历史》一书中，《我们的立足之地》一文有时似乎暗示了与情境主义的对话。在此，弗卢塞尔提出的不是"景观"这一或许令人兴奋的概念，而是提出，自奥斯威辛集中营以来，我们一直生活在失落的舞台上，在缺乏生机的仪式性场景中，在绵延的颓败气息里。弗卢塞尔强调以图像和语言为编码形式的符号在这种麻木环境中所扮演的角色，而这些符号在城市场景中大量存在。

弗卢塞尔在《暗箱哲学》中提出著名的文本与图像间的辩证关系。这些思想给他带来巨大的声誉，在这里也可以带给我们一些启发。

《后历史》中的《我们的图像》一文阐释了这个主题。

弗卢塞尔推测，在文字发明之前，人类将图像神话化，而不是解释它们并以此来理解图像所代表的世界。随着文字的出现和历史线性意识的兴起，解释也随之而来。书写会引导人们理解事物的线性特征，因为文字本身即通过线性排列的符号来构建自身。历史意识也意味着事物具有（线性的）形成过程，具有解释它们本身的历史的功能。

至此，我们来到了技术图像的时代。这些图像由装置生产，由文本编程。弗卢塞尔对这些图像的看法与情境主义者批判景观时的看法如出一辙：编排我们的技术图像（就像德波提出的景观一样）隐藏了它们的生产过程和生成程序。它们被立即展示为现成的东西，仿佛它们完美地代表了现实，而并没有操纵我们对现实的接触——这是假的，需要被揭露。而如何揭露？首先，通过历史或"文本"的意识去揭露。从某种程度上而言，就是回归文本。

在弗卢塞尔看来，这种批判性的、解释性的、"文本"的、线性的、概念性的和历史性的意识可以通过两种方式来实现（正如我们在书中的另一篇文章《我们的传播》中所看到的那样）。一种是讲述式的，通过谈论人们讲述的对象来实现；另一种是对话式的，通过人与人之间相互负责的对话来实现。弗卢塞尔所希望的正是第二种方式。新技术正在将传播组织成一个对话领域或对话网络，对话和反技术官僚主义的抵抗或许还有希望。

但是，弗卢塞尔的悲观主义（或现实主义）使他注意到，在这些对话网络的实际运作中，非人道主义的、大众化的面孔占据了主导地位。因为在这些网络中，我们就像功能性的暗箱装置，根据我们的输入和输出之物进行操纵。这反而有利于技术官僚主义。希望虽有，却如昙花一现，悲观主义仍占了上风。

在《我们的程序》中，这种对话式的希望再次出现。它作为一种理解程序荒诞性的手段。这种荒诞即程序的各种可能性随机实现，直到所有的可能性都被耗尽，即我们把这些程序插入可控制的元程序之中。但最后，我们意识到，元程序从其起始和终结来看，都陷入了同样荒诞的程序化运作游戏之中。

弗卢塞尔在其他文章和演讲中也谈到过历史意识。它有时是希望，有时是幻觉，是对早于技术图像宇宙的倒退意识的依恋。他经常将其视为"政治的"意识（或将这种对话视为"政治化"的）。他对这一问题的立场摇摆不定。对他而言，在后历史时期，这似乎是一个仍未解决、可能无法解决的重要问题。

我记得弗卢塞尔曾说过，"政治化"就是将自己置入某种环境，与其他人进行人道的、真切的和负责任的对话。与他一些读者的想法相反，弗卢塞尔并不打算让自己的哲学变成"去政治化的"。他认为，所有政治化全部被终结的情况是可怕的，他惊恐地将其视为技术官僚主义崛起的可能前景之一。他希望继续迈向未来，但这似乎是非人的、非政治化和不可接受的。他寄希望于政治性的行动，但这种行动似乎无法跟上历史的步伐。在他看来,历史在各个领域都正走向失控的自动化。

当然,弗卢塞尔并不认同的是,在特定对话背景下,行动成为一种扎根性的"基础",这种扎根性阻碍批判性意识的形成,或使人们对其他途径和可能性视而不见。他年轻时深受马克思主义的影响,但这并没有阻止他走出马克思主义,寻找新的思维方式。同时,他寻找新的替代性思想这一事实也并没有妨碍他接受马克思主义的某些强烈影响,这些影响依然存在。

从马克思的"商品拜物教",到德波情境主义的"景观",再到弗卢塞尔的技术图像,我们已经追溯到了三者间的联系。

这些技术图像掩盖了它们生成和编排我们行为的过程。但是,弗卢塞尔揭示了当今世界的生活是如何被物和情境占据的——这些物和情境构成"装置",被赋予某种随机实现的"程序",从而将情境主义的批判性反思推向了一个新的高度。

他告诉我们,随着我们的行为越来越多地受这些装置及其程序的影响,我们也越来越多地在这些程序中发挥作用——无论是通过技术图像还是通过其他方式。我们的生活正在被程序化。例如,我们成为(但不仅仅是)这一新范畴中的工人——官僚或机构等装置的"功能执行者"。这让我想到《我们的工作》一文。不过,即使与"工作"无关,这种情况也会发生。例如,摄影师(无论是否专业)在使用相机时,其行为都会被编排。

将目光从《后历史》转向弗卢塞尔的其他作品,我们发现,在他的预言中,"劳动"这一范畴可能会被自动技术装置吸收,并从我们手中将其夺走。这个过程会对人类尊严和心理造成严重后果。但弗卢塞尔认为,在这个装置和自动化世界中,我们或许可以通过有意识的行动,从中获得有利地位。

在这一切中，最重要的一点(在《后历史》中也已说明)是，在与我们有关的决策关系中，为我们编程的装置变得越发自主化——我们失去了对它们的控制，装置开始自我编程并编排我们的生活。

在这里，我们发现，对这些观念而言，源于"1968运动"的另一种政治哲学立场有着明显而强烈的影响。与德波的情境主义不同，这是由哲学家兼精神分析学家科内利乌斯·卡斯托里亚蒂斯(Cornelius Castoriadis)最先提出的自主主义。

卡斯托里亚蒂斯在《社会的想象性建构》一书中对马克思的"异化"概念作了重新诠释。纵观历史，一方面，集体想象力创造出的建构既具有功能性，又富于表现力和象征意义；后者是其最具社会性和人性化的一面。但这些建构逐渐自主于社会。另一方面，尽管这些机构内部存在着政治性意愿(即使少数得益于此)，但社会还是失去了自主性，被盲目的逻辑引导。

卡斯托里亚蒂斯提出，可以通过民众对这些想象性建构的控制来重新进行自主权的斗争。那么，弗卢塞尔是否提出过类似的建议？他是"自主主义者"吗？不是。他更倾向于研究问题和提出问题，而不是灌输或捍卫某种答案与解决方案。他也更加悲观。即便如此，这种思想的交汇仍是明晰而伟大的。

莫非这两人中，有一人读过另一人的著作？我也不敢肯定。我只知道，他们有共同的资料来源和参考文献，他们同样受到"1968运动"和当代世界重大历史变革的影响。这些事实都可以证明，两人思想的交汇是合乎情理的。无论如何，必须加以强调，他们的思想交汇是真实存在的。

另一个值得注意的交汇，是弗卢塞尔与让-弗朗索瓦·利奥塔的思想交汇，后者是"后现代性"概念的创造者。"后历史"这个标题表达了与《后现代》一书相似的基本思想。在从马克思主义团体中出来之前，利奥塔与卡斯托里亚蒂斯同属一个哲学家团体。他们共同经营着一份极端激进、近乎无政府主义的托洛茨基主义杂志，积极批判斯大林极权主义。该杂志的座右铭是"最公平的社会不是一劳永逸地实现正义的社会，而是正义问题始终被讨论的社会"。

尽管对这一主题着墨不多，但马克思似乎期望共产主义革命是明确无疑的，它带来我们所知的人类历史的终结（因为在此之后，不会再有重大的历史性变革）。利奥塔则放弃了对革命的追求，并宣布这种后历史的条件已经生成。他批判指导现代性和启蒙运动的进步概念，与马克思形成呼应。

在法兰克福学派对以工具理性为导向的"进步"的批判中，我们也能找到类似的观点。在这里，我们可以谈论的不仅是思想的交汇。弗卢塞尔熟悉法兰克福学派的思想，但他的批判更为激烈，似乎冲击了任何有关进步的概念。在这个意义上，他更接近利奥塔的立场。但是，与利奥塔的愤世嫉俗的乐观主义相比，弗卢塞尔更加悲观。

据说，弗卢塞尔有次偶遇一位朋友并问他过得如何时，这位朋友说："进步了！"弗卢塞尔则回答："节哀顺变！"因为对于弗卢塞尔来说，我们只是向着死亡进步罢了。

我记得弗卢塞尔在一次演讲中，一开始就从桌子后面站起来，用手拍着桌子，做了一个戏剧性的手势，说道："说革命是政治性的，这是一种偏见，我们要结束这种偏见。革命是技术性的！"他接着说，在世界的某些地方，革命是伟大的发明和技术科学发现，然后传播到其他地方。

在作为《后历史》结尾的《返回》一文中，弗卢塞尔探讨了年迈世界与年轻世界之间的同步性所产生的戏剧性影响。在年迈的世界中，新事物已经生效（这是新技术最直接的影响），人们寻找着新的思维模型。

而年轻的世界仍没有完全受到这些影响，这就是为什么年轻的世界仍寻求基于旧模式来理解它无法克服的东西。

《后历史》的文章以一种有趣的方式排布。就像结尾（《返回》）一样，书中也有一个引言，其标题（《使用方法》）是对技术官僚功利主义的讽刺。弗卢塞尔在引言中指出，这些文章的顺序是随机的，但其中有"一条讲述的线索"，即"从绝望走向希望"。前两篇文章显示了这条讲述线索的两个极端，标题分别为《我们的立足之地》和《我们的天空》，似乎为接下来的内容构建了整体框架。其他文章则涉及社会和文化生活的方方面面。

弗卢塞尔认为"我们的立足之地"是虚空的，其标志在于，没有任何可能的答案来解释那个绝对不可被接受的历史事件，即奥斯威辛——纳粹集中营建筑群。它已是大屠杀最显著的象征物。弗卢塞尔提出的这个显然无法解答的问题，使我们失去所有安全感、所有立足点、所有脚下之地。这个问题不仅在于与奥斯威辛类似之事是可能的，也在于我们实际上不能预测、也不能避免类似事情再次发生。

在《我们的天空》中，弗卢塞尔引用尼采的"上帝已死"。在这种背景下，我们的宗教信仰或一系列希望似乎并不那么乐观。读者在阅读这篇文章时就会明白这一点。

这些文章的风格与《自然：心灵》和《姿势》等其他作品相似。其中，现象学的方法显而易见。弗卢塞尔从描述日常经验入手，揭示这些经验通常附带的预设，并通过高度概括和抽象的批判性分析，引导我们到达另一个理解层次。当我们合上书时，与这些经验的接触会重新激活我们对它们的思考。

这些文章带有一定的口语痕迹，几乎反映了弗卢塞尔说话的方式。他似乎总是直接或间接地进行哲学思考，很难想象他不进行哲学思考的时候是怎样的。与此相对应,他的思考总是烙上了许多个人经历的印记。

然而,他也有一种抽象和批判性的超脱的能力,这种能力是由痛苦的经历铸就的。他出身于一个犹太家庭,亲友在纳粹集中营被杀害。在很长一段时间里,自杀的念头萦绕着他的思想。但是,就像加缪在《西西弗斯神话》中面对荒诞的生活一样,他最终选择在斗争中寻找意义。

弗卢塞尔的个性中有两种截然不同的特质,即抽象疏离与活泼生动。这在《后历史》的语言和主题处理上体现得淋漓尽致,我们可以从中感受到他的在场。

奥斯威辛就是大屠杀的象征。在这个纳粹集中营建筑群里,人类的生命被简化为可操纵的身体,简化为实用和可供消费的物(如被补牙齿中的黄金),直到最终被毁灭为灰烬。这是弗卢塞尔经历中主导这本书的一股主要力量,也使他更接近汉娜·阿伦特。对后者来说,邪恶的本质在于对邪恶的不敏感,在于邪恶的琐碎化——邪恶与非人道化、大众化,以及将人简化为数字的做法直接相关。

在这灰暗但仍存希望的气候中,我将弗卢塞尔的书推荐给读者,希望迎接它的是充满生命气息的阅读。

部分术语、人名与作品的翻译对照

aparelho 装置

gesto 姿势

contrarreforma 反宗教改革，反改革

finalística 终极目的(论)式

causalística 因果关系(论)式

Bodas de Fígaro 费加罗的婚礼

discurso 讲述

diálogo 对话

funcionário 功能执行者

caixas pretas 暗箱

Homo ludens 卢登斯人，游戏的人

Nietzsche 尼采

Hare Krishna 哈瑞奎师那

Heraclitiano 赫拉克利特式

Democritiano 德谟克利特式

époché 悬置

quiliástico, milenarismo 千禧年，千禧年主义

Fábiuo Máximo 法比乌斯·马克西姆斯

Khomeini 霍梅尼

Savonarola 萨伏纳罗拉

An die Musik《致音乐》

译 后 记

　　《后历史：二十篇短文与一种使用方法》（以下简称《后历史》）的葡萄牙语版于 1983 年出版。然而，在今天翻阅这本整整四十年前出版的作品，丝毫不会感觉到其中的观点过时。弗卢塞尔思考生活中那些发人深省的层面与现象，将其拼接成"人类处境的一面镜子"。这面镜子折射的显然不仅是四十多年前西方社会与文化的境况，也是在经历全球化之后，今天的我们在装置极权主义社会门前徘徊的样子。

　　在翻译本书的日子里，我们所处的世界丝毫不平静：俄乌战争继续，全球经济衰退，大众媒体用惊世骇俗的社会新闻夜以继日地轰炸人们，ChatGPT 等人工智能应用在现实与观念层面引发大地震；夹杂在哀叹和惊叹之声中的，是大学图书馆楼道里，年轻人们背诵各编制单位入职考题的响亮声音。在我们的年代里，多数人不免有些倦怠与迷惘，无数疑题横亘眼前。其中，最为核心的是，我们该如何生活，以及如何避免成为后工业时代麻木而麻利的"功能执行者"，如何抵挡装置对人的持续物化并找回人的自由与尊严。在《后历史》中，弗卢塞尔提出了他的倡议：爱与艺术，知止与折返。而这些倡议的实现最终需要人类整体上建立共识。这才是问题的所在。在今天，一切以人类为中心的计划所面临的核心问题，不仅在于技术手段，也在于人类追求自由的普遍意志。

　　本书的出版要感谢华中科技大学新闻与信息传播学院部校共建项目的资助，感谢复旦大学出版社刘畅老师在诸多方面的推动与支持。在本书的翻译过程中，巴西籍留学生吴茜妮为我审读、校对了部分语句，我的研究生梁书鑫也参与了资料整理工作，在此感谢两位同学的付出。

　　愿本书能推动威廉·弗卢塞尔的思想为更多的读者带去思考与启发。

李一君

liyijun2016@hotmail.com

2023 年 6 月 14 日

图书在版编目(CIP)数据

后历史:二十篇短文与一种使用方法/(巴西)威廉·弗卢塞尔著;李一君译.—上海:复旦大学出版社,2023.9
ISBN 978-7-309-16909-6

Ⅰ.①后… Ⅱ.①威… ②李… Ⅲ.①传播媒介-哲学-文集 Ⅳ.①G206.2-53

中国国家版本馆 CIP 数据核字(2023)第 140552 号

后历史:二十篇短文与一种使用方法
[巴西] 威廉·弗卢塞尔 著
李一君 译
责任编辑/刘 畅

复旦大学出版社有限公司出版发行
上海市国权路 579 号 邮编:200433
网址:fupnet@fudanpress.com http://www.fudanpress.com
门市零售:86-21-65102580 团体订购:86-21-65104505
出版部电话:86-21-65642845
常熟市华顺印刷有限公司

开本 787×960 1/16 印张 11 字数 132 千
2023 年 9 月第 1 版
2023 年 9 月第 1 版第 1 次印刷

ISBN 978-7-309-16909-6/G·2514
定价:55.00 元